定番素材のバラエティべんとう

いつも使う素材を、今日はこのおかずに、明日は別の味わいに。
ひとつの素材で作れるレパートリーを増やせば、バラエティ豊かなおべんとうを楽しめます。

料理　大庭《おおば》英子　写真　三木麻奈

豚のしょうが焼きべんとう

トンカツ用の豚ロース肉を、食べごたえのあるメインに。
甘いおかず、酸味のあるおかずをバランスよく組み合わせます。

● なすのごま酢和え 108頁
なすは電子レンジで蒸し、手軽に作れます。

● さつまいもとレーズンのサラダ 31頁
日持ちするさつまいもを、自然な甘さのサラダに。

○ せん切りキャベツ

● 豚ロースのしょうが焼き 13頁
片栗粉をつけて焼き、タレがよくからみます。

大庭英子さんの考える 飽きのこないおべんとう

わたしは料理初心者の方に向けてシンプルなレシピを提案することが多いのですが、おべんとうには特に、定番の素材と調味料で作れる簡潔なレシピがいいですね。そして、毎日の料理の流れのなかで気楽に作ることが、おべんとう作りを続けるコツだと思います。たとえば夕食がトンカツの日は、豚ロース肉を多めに買い、ついでにスジ切りして塩を振っておけば、翌朝に塩豚のシンプルソテー（12頁）が簡単に作れます。さらに、エスニック焼き（12頁）やしょうが焼き（13頁）などのバリエーションも覚えておくと、同じ肉でもいろんな味わいが楽しめます。

今回はそんな、定番から応用まで、ひとつの素材で作れるバリエーションレシピをご紹介します。冷めても脂が気にならないなど、素材選びに工夫を凝らし、ごまや海苔など、家にある素材で変化をつけたレシピです。ダシいらずでおいしい、飽きのこない味つけですので、おべんとうはもちろん、毎日の献立にもお役立てください。

● メインおかず　● サブおかず　● 付け合わせ　○ その他

牛もも肉 メイン

牛アボカド炒めべんとう

● 牛肉とアボカドの炒めもの 15頁

● 塩揉みきゅうり 108頁
● じゃこ入り大豆のひと口焼き 28頁

豚もも肉 メイン

コールスロー巻きべんとう

● 豚のコールスロー巻き焼き 10頁
● ゆで玉子のみそ漬け 26頁

● ゆできのこの梅和え 108 頁
○ 塩ゆでブロッコリー

鶏もも肉 メイン

竜田揚げべんとう

● 鶏の竜田揚げ 6頁
○ 揚げさつまいも 6頁

● ほうれん草のナムル 108頁
● れんこんの土佐煮 29頁

牛もも肉 メイン

プルコギ風べんとう

● 牛肉のプルコギ風 15頁

● ほうれん草のナムル 108頁
● りんごのバターソテー 109頁

豚もも肉 メイン

タコ焼き風べんとう

● ゆできのこの梅和え 108 頁

● 豚のタコ焼き風 11頁
● りんごのバターソテー 109 頁

鶏もも肉 メイン

焼きサラダべんとう

● 鶏と野菜の焼きサラダ 7頁
● マーマレード入り玉子焼き 27頁

● 塩揉みきゅうり 108頁

鶏ひき肉 メイン

れんこん挟み焼きべんとう

● 大豆とツナのサラダ 28頁

● 塩揉みきゅうり 108頁
● れんこんのひき肉挟み焼き 16頁

豚ロース肉 メイン

マスタードソテーべんとう

● かぼちゃときゅうりのサラダ 30頁
● 大豆のみそ炒め 109頁

○ 炒めキャベツ 13頁
● 豚のマスタードクリーム 13頁

鶏ささ身 メイン

梅しそささ身べんとう

● エリンギのみそマヨネーズ焼き 109頁

● かぼちゃときゅうりのサラダ 30頁
● ささ身の梅しそ焼き 9頁

※メインおかずのカテゴリーごとに分類しています。

ヤリイカ メイン

イカ甘辛煮べんとう

● ヤリイカの甘辛煮 25頁

● マーマレード入り玉子焼き 27頁
● ゆできのこの梅和え 108頁

メカジキ メイン

カジキの柚子照りべんとう

● メカジキの柚子風味焼き 20頁

● 揉み海苔入り玉子焼き 27頁
● ほうれん草のナムル 108頁

鶏ひき肉 メイン

チキンハンバーグべんとう

● 和風チキンハンバーグ 17頁

● 長いものフライパン焼き 109頁
● キャベツ入り玉子焼き 27頁

おむすび メイン

玉子むすびべんとう

● ポン酢漬け玉子のおむすび 56頁

● かぼちゃソテー 30頁
● なすのごま酢和え 108頁

サバ メイン

韓国風サバ煮べんとう

● おろしれんこんのひと口焼き 29頁
● サバの韓国風煮もの 23頁

○ 塩ゆでブロッコリー
● りんごのバターソテー 109頁

厚揚げ メイン

エビ入りコロッケべんとう

● さつまいものハチミツレモン漬け 31頁

● 厚揚げとエビのコロッケ 18頁
● エリンギのみそマヨネーズ焼き 109頁

サンドイッチ メイン

パニーニ風べんとう

● パニーニ風焼きサンド 60頁

● さつまいもとレーズンのサラダ 31頁

ゆでダコ メイン

タコの串焼きべんとう

● タコの串焼き 24頁

● ほうれん草のナムル 108頁
● ゆで玉子の甘酢照り焼き 26頁

メカジキ メイン

香草パン粉焼きべんとう

● 大豆のみそ炒め 109頁
● かぼちゃときゅうりのサラダ 30頁

○ 塩ゆでアスパラ
● メカジキの香草パン粉焼き 20頁

● メインおかず ● サブおかず ● 付け合わせ ● ご飯・パン ○ その他

定番素材別おかずのレシピ集

鶏もも肉

焼く、揚げる、煮るなど、幅広い調理に向いています。

1 鶏の竜田揚げ

下味をしっかりとつけ、色よく揚げた竜田揚げ。冷めてもジューシーで、ご飯が進むおいしさです。

材料（1人分）
- 鶏もも肉（皮つき）…1/2枚
- 片栗粉、揚げ油…各適量

A
- しょう油…大サジ1/2杯
- 日本酒…小サジ1杯
- しょうが汁…小サジ1/4杯

作り方

1 鶏肉は斜めに庖丁を入れ、厚さ1cm、3～4cm角にそぎ切りします。

2 ボールに鶏肉とAを入れて手で揉み込み、ラップをして冷蔵庫で一晩おきます。

※当日に下味をつける場合は、常温に10分ほどおきます。

3 フライパンの深さ2～3cm位まで揚げ油を入れて火にかけ、160～170℃に熱します。鶏肉の汁気を拭き取り、片栗粉をまぶして油に入れます。上下を返しながら、中火で4～5分色よくカリッと揚げて取り出し、油をきります。

※少量の揚げものには、直径18～20cm位の小さめのフライパンがおすすめです（32頁参照）。

◎一度に揚げて、もうひと品

揚げさつまいも

鶏肉を揚げる前に、同じ揚げ油で作ります。さつまいも5cmは洗って皮つきのままタテ4つに切り、再びさっと洗って水気をよく拭き取ります。160℃の揚げ油に入れ、弱火で4～5分柔らかくなるまで揚げます。最後に中火にしてカリッと揚げて油をきります。

2 にんにくチキンソテー

皮面とにんにくを、カリッと焼き上げるのがコツ。

材料（1人分）

- 鶏もも肉（皮つき）…1/2枚
- にんにく…小1/2片
- 塩…小サジ1/5杯
- コショー…少々
- サラダ油…小サジ1杯

作り方（1は前日の作業でも可）

1 鶏肉は身側に2〜3本の浅い切り込みを入れてスジを切り、両面に塩・コショーします。にんにくはヨコにうす切りにします。

2 フライパンにサラダ油とにんにくを入れて弱火で炒めます。にんにくの香りが立ち、カリカリになったら取り出します。

3 2のフライパンに鶏肉の皮面を下にして入れ、中火で2分ほど色よく焼いたら、裏返して1分ほど焼きます。フタをして弱火にし、さらに3〜4分蒸し焼きにして取り出します。粗熱が取れたら食べやすく切り、にんにくを散らします。

3 鶏と野菜の焼きサラダ

鶏のうま味、野菜の歯ごたえや甘味を楽しめます。

材料（1〜2人分）

- 鶏もも肉（皮つき）…1/2枚
- かぶ…小1コ
- 玉ねぎ…小1/2コ
- 椎茸…大1枚
- ミニトマト…2コ
- ブロッコリー…小1房
- サラダ油…大サジ1杯
- 塩…小サジ1/4杯
- コショー…少々
- レモン汁…大サジ1/2杯

作り方（1〜2は前日の作業でも可）

1 鶏肉は3cm角に切り、軽く塩・コショー（ともに分量外）します。

2 かぶは茎を3cmほど残して切り、皮をむいて4等分のクシ形に切ります。玉ねぎは3〜4等分のクシ形に、椎茸は軸を落として4等分に、ブロッコリーはタテ半分に切ります。

3 フライパンにサラダ油を中火で熱し、野菜を入れて全体を色よく焼き、ボールに取り出します。鶏肉も同様に焼いて野菜に加え、塩・コショー、レモン汁と和えて冷まします。

4 鶏のごま風味ピリ辛焼き

炒りごまをまぶして焼いて、香ばしさ満点。

材料（1人分）
- 鶏もも肉（皮つき）…1/2枚
- 白炒りごま…小サジ1/2杯
- 黒炒りごま…小サジ1/2杯

※白黒どちらか一種でも可。

A
- しょう油…小サジ2杯
- 日本酒…小サジ1杯
- ごま油…小サジ1/2杯
- 一味唐辛子…少々

作り方（1〜2は前日の作業でも可）

1 鶏肉はひと口大に切ります。

2 ボールに鶏肉とAを入れて手で揉み込み、10〜20分ほどおきます。

3 鶏肉に炒りごまをまぶします。オーブントースターの天板に皮面を上にして間隔をあけて並べ、8〜10分焼きます。

5 鶏とれんこんの酢煮

酢を加えることで、まろやかなおいしさに。

材料（1〜2人分）
- 鶏もも肉（皮つき）…1/2枚
- れんこん…100g
- しょうが…1/2片（うす切り）
- サラダ油…小サジ1/2杯
- 日本酒…大サジ1杯

A
- 唐辛子…1/2本
- 酢…大サジ2杯
- しょう油…大サジ1杯
- 砂糖…小サジ2杯
- 水…大サジ3杯

作り方（各手順、前日の作業でも可）

1 鶏肉は2〜3cm角に切ります。

2 れんこんは皮をむいて厚さ1.5cmのいちょう切りにし、水でさっと洗って水気を拭き取ります。

3 フライパンにサラダ油を中火で熱し、鶏肉を入れて全体を色よく焼きつけます。れんこんとしょうがを加えてさっと炒め、日本酒を加えて煮立たせます。Aを加えてフタをして弱火にし、10分ほど煮ます。

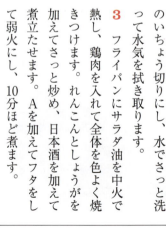

鶏ささ身

火が通りやすく、高たんぱくで低脂肪の素材です。

6 ささ身の梅しそ焼き

梅としその香味が、淡白なささ身によく合います。

材料（1人分）
- 鶏ささ身…2枚　・青じそ…6枚
- 梅肉ペースト…大サジ1杯
※梅肉を庖丁で細かくたたいても。
- サラダ油…小サジ1/2杯

作り方（1は前日の作業でも可）

1 鶏ささ身は斜めに庖丁を入れ、1枚を3等分にそぎ切りします。

2 1の片面に梅肉ペーストを塗り、青じそ1枚で1切れずつ巻きます。

3 フライパンにサラダ油を弱火で熱し、2を入れてフタをして2分ほど蒸し焼きにします。裏返してフタをし、さらに2分ほど蒸し焼きにして火を止めます。

7 ささ身の海苔風味焼き

塩と海苔だけで、深い味わいが生まれます。

材料（1人分）
- 鶏ささ身…2枚
- 焼き海苔…1/2枚
- 日本酒…小サジ1杯
- 塩…小サジ1/5杯

作り方（1は前日の作業でも可）

1 鶏ささ身は1枚を半分に切ります。ボールに入れ、日本酒と塩を加えて手で揉み込み、下味をつけます。

2 海苔は乾いたフキンに包むか、ビニール袋に入れて揉み、細かくします。

3 ささ身に2の揉み海苔をまぶし、オーブントースターの天板に間隔をあけて並べ、6〜8分焼きます。

豚もも肉（うす切り）

冷めたとき、脂っぽくなく味わえます。

8 豚のねぎみそ焼き

みそのコクと長ねぎの風味が絶妙な、簡単おかず。

材料（1人分）
- 豚もも肉（うす切り）…3枚
- 長ねぎ…18cm（長さ3等分に切る）
- みそ…大サジ1杯
- コショー…少々
- サラダ油…小サジ1/2杯

作り方（1は前日の作業でも可）

1 まな板に豚肉をタテに並べ、みそを塗ってコショーを振ります。それぞれの手前側の端に長ねぎを1つずつ置き、芯にして巻きます。

2 フライパンにサラダ油を弱火で熱し、1の巻き終わりを下にして入れ、フタをして3分ほど蒸し焼きにします。転がして全体を焼き、フタをしてさらに2分ほど蒸し焼きにし、取り出して長さ半分に切ります。

9 豚のコールスロー巻き焼き

香ばしい肉とみずみずしいキャベツの組み合わせ。

材料（1人分）
- 豚もも肉（うす切り）…4枚
- キャベツ…80g（せん切り）
- マヨネーズ、塩、コショー…各適量
- 粗挽き黒コショー…少々

作り方

1 キャベツはボールに入れ、マヨネーズ大サジ1杯と塩・コショー少々を加えて混ぜます。

2 まな板に豚肉をタテに並べ、両面に塩・コショー少々を振ります。それぞれの手前側の端にキャベツを1/4量ずつ置いて巻き込みます。

3 2をオーブントースターの天板に並べ、上面にマヨネーズをうすく塗って粗挽き黒コショーを振ります。7～8分焼きます。

10 豚のタコ焼き風

まさにタコ焼きの味。食べごたえがあります。

材料（1人分）
- 豚もも肉（うす切り）…4枚
- 長ねぎ…10cm（うすい小口切り）
- 紅しょうが…10g（長さ1cmに切る）　•白炒りごま…小サジ1杯
- かつおぶし…3g　•溶き玉子…大サジ2杯　•水…大サジ1杯
- 塩…小サジ1/5杯　•しょう油…小サジ1杯　•薄力粉…大サジ3杯
- サラダ油…小サジ1杯　•ウスターソース、青海苔粉…各少々

作り方

1 豚肉は長さ3cmに切ります。ボールに溶き玉子、水、塩、しょう油を混ぜ、薄力粉を加えて混ぜます。さらに、豚肉、長ねぎ、紅しょうが、ごま、かつおぶしを混ぜ合わせます。

2 フライパンにサラダ油を弱めの中火で熱し、1を4等分して間隔をあけて入れ、フタをして3分焼きます。返してフタをして2～3分焼き、ソースをかけて青海苔粉を振ります。

11 豚のえのき巻き照り焼き

えのきのシャキッとした食感が生きています。

材料（1人分）
- 豚もも肉（うす切り）…4枚
- えのき…1/2袋（50g、根元を落とす）　•細ねぎ…20g（えのきと同じ長さに切る）　•片栗粉…適量

A
- 日本酒、みりん…各大サジ1/2杯　•砂糖…小サジ1/2杯　•しょう油…小サジ2杯

作り方（1は前日の作業でも可）

1 豚肉はタテ向きに2枚ずつヨコに並べ（端を少し重ねる）、片栗粉を振ります。手前側の端にえのきと細ねぎを半量ずつ置いて巻きます。

2 フライパンにサラダ油小サジ1杯（分量外）を中火で熱します。1に片栗粉をまぶして巻き終わりを下にして入れ、転がしながら焼きます。

3 肉全体に焼き目がついたらフタをし、弱火で3～4分蒸し焼きにします。Aをからめて取り出し、冷めたら食べやすく切ります。

豚ロース肉（厚切り）

柔らかな部位で、食べごたえ満点。

12 塩豚のシンプルソテー

塩を振って一晩おき、豚肉のうま味を引き出します。

材料（1人分）
- 豚ロース肉（厚切り）…1枚
- 塩…小サジ$\frac{1}{3}$杯
- サラダ油…小サジ$\frac{1}{2}$杯
- レモン汁、粒マスタード…各少々

作り方

1 豚肉は脂身と赤身の境目に数カ所庖丁を入れてスジを切ります。両面に塩をまぶしてラップで包み、バットに入れて冷蔵庫で一晩おきます。

2 豚肉を水で洗い、水気を拭き取ります。フライパンにサラダ油を弱めの中火で熱し、豚肉を入れて焼き目がつくまで3分ほど焼きます。返して同様に2分ほど焼きます。

3 食べやすく切り、レモン汁を振って粒マスタードを添えます。

13 豚のエスニック焼き

ナムプラーとごま油の風味が効いています。

材料（1人分）
- 豚ロース肉（厚切り）…1枚（上記の手順1と同様にスジ切り）
- にんにく…$\frac{1}{2}$片（うす切り）
- 唐辛子…$\frac{1}{2}$本（小口切り）
- 日本酒、ナムプラー…各小サジ1杯
- ごま油、レモン汁…各小サジ$\frac{1}{2}$杯

作り方

1 ボールに豚肉以外の材料を入れて混ぜ合わせます。豚肉を加えてからめ、ラップをして冷蔵庫に一晩おきます。

2 オーブントースターの天板に豚肉をのせ、上ににんにくと唐辛子をのせます。8～10分焼き、取り出して食べやすく切ります。

14 豚ロースのしょうが焼き

しょうがはせん切りにし、甘辛味のアクセントに。

材料（1人分）

・豚ロース肉（厚切り）…1枚
・しょうが…小$\frac{1}{2}$片　・片栗粉…適量　・サラダ油…小サジ1杯
・日本酒…小サジ1杯　・みりん…大サジ$\frac{1}{2}$杯　・砂糖…小サジ1杯
・しょう油…小サジ2杯

作り方（1は前日の作業でも可）

1　豚肉は脂身と赤身の境目に数カ所庖丁を入れてスジを切ります。しょうがは皮をむいてせん切りにします。

2　豚肉全体に片栗粉をうすくまぶします。フライパンにサラダ油を中火で熱し、豚肉を入れて両面を色よく焼きます。しょうがを入れてさっと炒め、フタをして弱火にし、2～3分蒸し焼きにします。

3　日本酒、みりん、砂糖、しょう油を加えて弱火でからめます。取り出して食べやすく切ります。

15 豚のマスタードクリーム

炒めキャベツをしいて詰め、汁気をおさえます。

材料（1人分）

・豚ロース肉（厚切り）…1枚
・キャベツ…1枚（4㎝角に切る）
・塩、コショー、小麦粉…各適量
・サラダ油、日本酒…各小サジ1杯
・生クリーム…大サジ2杯
・マスタード…小サジ$\frac{1}{2}$杯

作り方（1は前日の作業でも可）

1　豚肉は脂身と赤身の境目に数カ所庖丁を入れてスジを切ります。両面に塩・コショー少々を振ります。

2　フライパンにサラダ油の半量を中火で熱し、キャベツを炒め、塩を軽く振って取り出します。

3　フライパンに残りのサラダ油を足し、1の両面に小麦粉をうすくつけて入れ、両面を中火で各2分ほど焼きます。日本酒を加えてフタをし、弱火で2～3分蒸し焼きにします。生クリーム、塩・コショー少々、マスタードを加えてからめます。

牛もも肉（うす切り）

脂身が少なく、
味がしみ込みやすい部位。

16 牛肉の八幡巻き

甘辛味をつけたごぼうが、牛肉によく合います。前日に作り、なじんだおいしさを味わっても。

材料（1人分）

- 牛もも肉（うす切り）…80～100g（4～6枚）
- ごぼう…20cm
- みりん…小サジ$\frac{1}{2}$杯
- しょう油…小サジ1杯
- 片栗粉…適量
- サラダ油…小サジ$\frac{1}{2}$杯

A
- しょう油…小サジ2杯
- みりん…大サジ$\frac{1}{2}$杯
- 日本酒、砂糖…各小サジ1杯

作り方（1～3は前日の作業でも可）

1 ごぼうはタワシなどでよく洗って皮をこそげ取り、長さ半分、タテ4等分の棒状に切ります。水でさっと洗い、ザルに上げます。

2 ごぼうを鍋に入れ、ヒタヒタの水を加えて中火にかけ、煮立ったらフタをして6分ほどゆでます。湯をきってすぐにバットに移し、みりんとしょう油を加えてからめ、冷まします。

3 まな板に牛肉をタテ向きに半量ずつヨコに並べ（左の写真のように端を少し重ねる）、片栗粉をうすくまぶします。それぞれの手前側の端にごぼうを半量ずつ置いて巻きます。

4 3の表面に片栗粉をうすくまぶします。フライパンにサラダ油を中火で熱し、肉の巻き終わりを下にして入れ、転がしながら焼きます。全体に焼き色がついたらフタをして弱火にし、3分ほど蒸し焼きにします。

5 Aを加えて弱火のままでからめ、取り出します。冷めたら食べやすく切ります。

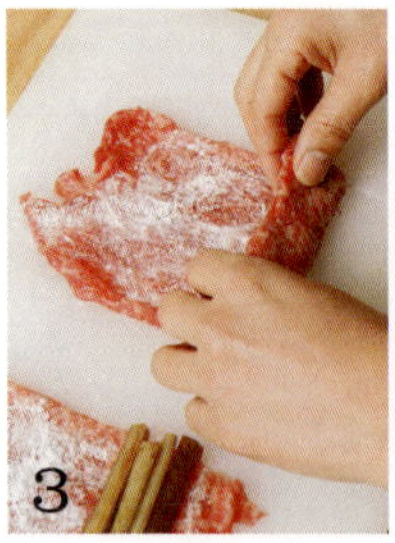

17 牛肉とアボカドの炒めもの

牛肉のうま味とアボカドの濃厚さが好相性です。

材料（1人分）
・牛もも肉（焼き肉用うす切り）…60g　・アボカド…1/4コ　・レモン汁…少々　・玉ねぎ…1/4コ
・塩、コショー…各適量　・サラダ油、日本酒…各小サジ1杯

作り方
1 牛肉は大きければ食べやすく切り、塩・コショー少々を振ります。
2 アボカドは種を取って皮をむき、タテ半分、ヨコに幅1cmに切り、レモン汁を振ります。玉ねぎは芯を取り除き、2cm角に切ります。
3 フライパンにサラダ油を中火で熱し、牛肉を入れて両面を色が変わるまで焼き、玉ねぎを入れて炒めます。玉ねぎがしんなりしたら、アボカドを加えてさっと炒め、日本酒、塩小サジ1/4杯、コショー少々を振って炒め合わせます。

18 牛肉のプルコギ風

大ぶりの玉ねぎの甘味と食感も楽しみます。

材料（1人分）
・牛もも肉（焼き肉用うす切り）…80g　・玉ねぎ…小1/4コ（芯を取り、ヨコに幅1cmに切る）　・しめじ…1/3パック（石突きを落としてほぐす）　・細ねぎ…2本（長さ3cmに切る）　・白炒りごま…少々
A
・しょう油…大サジ1杯
・日本酒、ごま油…各小サジ1杯
・にんにく…少々（みじん切り）
・一味唐辛子…少々

作り方
1 牛肉は大きければ食べやすく切ります。ボールにAを混ぜ合わせて牛肉を入れてからめ、ラップをして冷蔵庫で一晩おきます。
2 常温にもどした1に玉ねぎとしめじを加えて混ぜます。
3 フライパンを中火で熱して2を入れ、ほぐすようにして炒めます。しんなりとしたら細ねぎとごまを加え、ひと混ぜして火を止めます。

鶏ひき肉

時間がたっても柔らかで、さっぱりとした味わい。

19 油揚げのひき肉詰め焼き

ねぎみそ風味のタネを詰め、香ばしく焼きます。

材料（1人分）
- 鶏ひき肉…80g
- 油揚げ…1枚
- 長ねぎ…6cm
- みそ…小サジ2杯
- 日本酒…大サジ1杯

作り方（1～2は前日の作業でも可）

1 長ねぎはタテ半分に切り、端からうす切りにします。ボールに入れ、ひき肉、みそ、日本酒を加えて手でよく混ぜ合わせます。

2 油揚げは長さ半分に切り、切り口から手で開いて袋状にし、1を半量ずつ詰めて形を平たく整えます。

3 フライパンを弱めの中火にかけて2を入れ、フタをして4分ほど焼きます。返してフタをせずに4分ほど焼き、食べやすく切ります。

20 れんこんのひき肉挟み焼き

辛子明太子を効かせ、ピリッと風味豊かです。

材料（1人分）
- 鶏ひき肉（赤身の豚ひき肉でも）…60g
- れんこん（直径6cm位）…厚さ5mm×4枚
- 片栗粉…少々
- サラダ油…小サジ1杯

A
- 辛子明太子…大サジ1杯（うす皮を取ってほぐす）
- 日本酒…大サジ1/2杯
- しょう油…少々

作り方（1は前日の作業でも可）

1 ボールにひき肉とAを入れ、手でよく混ぜ合わせます。

2 れんこんは水気を拭き取って片面に片栗粉を振ります。2枚に1を半量ずつのせ、残り2枚で挟みます。

3 フライパンにサラダ油を弱めの中火で熱し、2を3分ほど焼いて返し、フタをして3～4分焼きます。

21 和風チキンハンバーグ

長いもをつなぎにし、ふんわりとした口あたりに。

材料（1人分）

・鶏ひき肉（赤身の豚ひき肉でも）…100g　・長いも…35g（皮をむいて30g）　・塩…少々　・サラダ油…小サジ1/2杯　・日本酒…小サジ1杯　・みりん…大サジ1/2杯　・砂糖…小サジ1/2杯　・しょう油…大サジ1/2杯

作り方（1は前日の作業でも可）

1 長いもはスライサーなどでごく細いせん切りにします。ボールに入れ、ひき肉と塩を加えて手でよく混ぜ合わせ、3等分にします。手を水で濡らし、形を丸く整えます。

2 フライパンにサラダ油を中火で熱し、1を間隔をあけて入れ、フタをして2分ほど蒸し焼きにします。裏返してフタをして2分ほど焼き、弱火にしてさらに2分ほど焼きます。日本酒、みりん、砂糖、しょう油を加えて弱火でからめます。

22 ピーマンの肉詰め焼き

タネにチーズを混ぜ、コクのあるおいしさです。

材料（1人分）

・鶏ひき肉（合いびき肉でも）…80g　・ピーマン…大1コ　・パセリ…大サジ1/2杯（みじん切り）　・ピザ用チーズ…20g　・小麦粉…少々　・日本酒…小サジ1杯　・塩…小サジ1/5杯　・コショー…少々　・サラダ油…小サジ1/2杯

作り方（1～2は前日の作業でも可）

1 ボールにひき肉、日本酒、塩・コショーを入れて手でよく混ぜ合わせます。パセリとチーズを加えてさらによく混ぜ、2等分にします。

2 ピーマンはタテ半分に切り、ヘタと種を取り除きます。内側に小麦粉をまぶし、1のタネを詰めます。

3 フライパンにサラダ油を弱めの中火で熱し、2を肉の面を下にして入れて2分ほど焼きます。裏返してフタをして弱火にし、4～5分蒸し焼きにします。

厚揚げ

豆腐と同様にボリュームがあり、かつ、水きりせずに使えるのが便利。

23 厚揚げとエビのコロッケ

大豆のうま味に、エビが香ばしさを添えます。タネにパン粉を直づけし、手軽に作れるのも魅力。

材料（1人分）

・厚揚げ（木綿）…1/2枚（150g）　・むきエビ…60g　・玉ねぎ…大サジ3杯（みじん切り）　・塩…小サジ1/4杯　・コショー…少々
・生パン粉、揚げ油…各適量

作り方

1　玉ねぎは耐熱容器に入れてラップをふんわりとかけ、電子レンジで30〜40秒加熱して冷まします。

2　エビは背ワタのあるものは取り、洗って水気を拭き取ります。幅1cmに切り、庖丁で軽くたたくようにして粗く刻みます。

3　厚揚げは茶色の外身をうすく切り取り、その部分はみじん切りにします。中の白い部分はボールに入れて手で細かくつぶし、外身を加えて混ぜ、塩・コショー、玉ねぎ、エビを加えてさらによく混ぜ合わせます。4等分にして形を丸く整えます。

※よく混ぜ合わせることで、くずれにくくなります。

4　フライパンの深さ2〜3cm位まで揚げ油を入れて160〜170℃に熱します。小さめのボールにパン粉を入れ、3を入れて全体にパン粉をつけ（a）、揚げ油に入れます。中火で1分ほど色よく揚げたら、上下を返してさらに1分ほど揚げ（b）、取り出して油をきります。

3

4-a

4-b

24 厚揚げの肉巻き照り焼き

ボリュームと甘辛味で、満足感のあるひと品。

材料（1人分）
・厚揚げ（木綿）…1/2枚（150g）
・豚もも肉（うす切り）…小3枚
・片栗粉…少々
・サラダ油…小サジ1/2杯
A
・しょうが…少々（すりおろし）
・日本酒…大サジ1杯
・みりん…小サジ1杯
・砂糖…小サジ1/2杯
・しょう油…小サジ2杯

作り方（1は前日の作業でも可）

1 厚揚げは幅3等分に切ります。まな板に豚肉をタテに並べ、手前側の端に厚揚げを置いて巻きます。

2 1の肉の上に片栗粉をまぶします。フライパンにサラダ油を中火で熱し、1を入れて両面を色よく焼きます。フタをして弱火にし、さらに1～2分蒸し焼きにします。

3 いったん火を止めてAを加え、弱火にかけてからめます。

25 厚揚げとひき肉のカレー炒め煮

カレー味のひき肉がトロッとからみます。

材料（1人分）
・厚揚げ（木綿）…1/2枚（150g）・長ねぎ…12cm ・豚ひき肉…50g ・サラダ油…小サジ1/2杯 ・日本酒…大サジ1杯 ・カレー粉…小サジ1杯 ・水…大サジ3杯 ・砂糖…小サジ1杯 ・しょう油…小サジ2杯

作り方（各手順、前日の作業でも可）

1 厚揚げは厚さ1cmのひと口大に切ります。長ねぎは長さ3cmに切り、ヨコに4本ほど浅い切り込みを入れ、返して同様に切り込みを入れます。

2 フライパンにサラダ油を中火で熱し、ひき肉を入れて色が変わるまで炒め、厚揚げと長ねぎを入れてさっと炒めます。カレー粉を振って炒め合わせ、日本酒、水、砂糖、しょう油を加えて混ぜます。フタをして弱火にし、汁気がなくなるまで5～6分煮ます。

メカジキ

淡白なので、さまざまな味つけに向いています。

26 メカジキの香草パン粉焼き

パセリとにんにくを効かせ、サクッとした食感。

材料（1人分）

・メカジキ（鮭やタラなどでも）…1切れ

A・パン粉…大サジ3杯　・パセリ…大サジ1/2杯（みじん切り）　・にんにく…少々（みじん切り）　・塩…小サジ1/5杯　・コショー…少々　・粉チーズ…小サジ1杯

・オリーブ油…小サジ2杯

作り方（1～2は前日の作業でも可）

1 メカジキは3cm角に切り、塩・コショー少々（分量外）を振ります。

2 ボールにAを入れて混ぜます。

3 メカジキに2をまぶしてオーブントースターの天板に並べ、焼き色がつくまで6分ほど焼きます。

27 メカジキの柚子風味焼き

柚子が香る、さわやかな照り焼き風味です。

材料（1人分）

・メカジキ（鮭やタラなどでも）…1切れ

・柚子（皮）…少々（せん切り）

・柚子…2枚（うすい半月切り）

・しょう油…大サジ1/2杯

・日本酒、みりん…各小サジ1杯

作り方

1 ボールにメカジキ以外の材料を入れて混ぜ合わせ、メカジキを入れてからめます。ラップをし、冷蔵庫に一晩おいて下味をつけます。

2 オーブントースターの天板にメカジキを並べて柚子をのせ、焼き色がつくまで8分ほど焼きます。取り出して冷めたら半分に切ります。

28 メカジキのみそ漬け焼き

一晩漬けて焼くだけで、コクの深いおいしさに。

材料（1人分）
- メカジキ（鮭やタラなどでも）…1切れ
- みそ…大サジ1杯
- 日本酒…小サジ1/2杯
- しょうが…少々（すりおろし）

作り方

1 ボールにみそ、日本酒、しょうがを入れて混ぜ合わせます。

2 ラップに1の半量をうすくのばし、メカジキをのせて残りの1を塗って包みます。冷蔵庫において一晩漬けます。

3 メカジキのみそを少し残して拭き取り、オーブントースターの天板に並べ、焼き色がつくまで8分ほど焼きます。取り出して粗熱が取れたら半分に切ります。

29 メカジキのカレー風味マリネ

食欲をそそるカレー味。野菜の食感も楽しめます。

材料（1人分）
- メカジキ（鮭やタラなどでも）…1切れ　・玉ねぎ…小1/4コ　・にんじん…10g　・きゅうり…1/4本　・塩、コショー…各少々　・小麦粉…適量　・フレンチドレッシング…大サジ2杯　・サラダ油、カレー粉…各小サジ1/2杯

作り方（各手順、前日の作業でも可）

1 玉ねぎはスライサーでタテにうす切りにし、にんじんときゅうりは、スライサーでせん切りにします。

2 メカジキは4等分に切り、塩・コショーします。

3 メカジキに小麦粉をつけ、余分な粉を落とします。フライパンにサラダ油を中火で熱し、メカジキの両面を各2分ほど焼きます。ボールに移してドレッシングとカレー粉を加えて混ぜ、冷めたら1を加えて和え、しんなりするまでおきます。

サバ

青魚特有の、脂がのった、うま味の豊富な味わい。

30 サバの粗挽きコショー焼き

ピリッとスパイシーで、意外性のあるおいしさ。

材料（1人分）
- サバ（三枚おろし。ブリなどでも）…80g
- 日本酒…小サジ1杯
- 塩…小サジ1/5杯
- 粗挽き黒コショー…小サジ1杯

作り方（1は前日の作業でも可）

1 サバは棒状に3等分します。ボールに入れて日本酒と塩をまぶし、10分ほどおきます（前日の作業の場合、冷蔵庫に一晩おく）。

2 サバに粗挽き黒コショーをまぶします。オーブントースターの天板に皮面を上にして並べ、8分ほど焼きます。

31 サバの和風マリネサラダ

サバは電子レンジで蒸し、手軽に作れます。

材料（1人分）
- サバ（三枚おろし。ブリなどでも）…80g　・大根…30g（皮をむいて1cm角に切る）　・きゅうり…1/4本（1cm角に切る）　・トマト…1/4コ（1cm角に切る）　・日本酒…大サジ1杯
- ポン酢しょう油…大サジ2杯
- ごま油…小サジ1杯

作り方（1は前日の作業でも可）

1 サバは耐熱皿にのせて日本酒を振り、ラップをして電子レンジに2分20秒ほどかけ、冷まします。

2 サバの皮と小骨を除き、身を食べやすく切るか、手でほぐします。

3 ボールにサバの身、大根、きゅうり、トマトを入れ、ポン酢しょう油とごま油を加えて和えます。

32 サバの韓国風煮もの

コチュジャンとごま油を効かせ、ご飯が進みます。

材料（1人分）
- サバ（三枚おろし。ブリなどでも）…80g
- ごま油…小サジ1/2杯
- 白炒りごま…少々
- 水…60mℓ

A
- 長ねぎ…大サジ1杯（みじん切り）
- 日本酒…大サジ1杯
- コチュジャン…大サジ2/3～1杯
- しょう油…小サジ2杯

作り方（各手順、前日の作業でも可）

1 サバは皮面に浅い切り込みを入れ、3等分にそぎ切りします。

2 小さめのフライパンに水を入れて弱めの中火で煮立て、Aを加えて再び煮立ったら、サバを重ならないように皮面を上にして入れます。煮汁をスプーンでかけ、表面の色が変わったらフタをして弱火にし、4～5分煮ます。フタを取って煮詰め、ごま油とごまを加えて火を止めます。

33 サバのピザ風

チーズとマヨネーズがコクを醸し出すひと品。

材料（1人分）
- サバ（三枚おろし。ブリなどでも）…80g
- 玉ねぎ…小1/4コ（タテにうす切り）
- ピーマン…1コ
- 椎茸…1枚（軸を取ってうす切り）
- ミニトマト…2コ（ヨコ半分に切る）
- 塩、コショー…各適量
- マヨネーズ…大サジ1 1/2杯
- パセリ…大サジ1/2杯（みじん切り）
- ピザ用チーズ…20g

作り方（1は前日の作業でも可）

1 サバは皮面に格子状の浅い切り込みを入れ、両面に軽く塩・コショーします。ピーマンはタテ半分に切ってヘタと種を取り、ヨコにうす切りにします。

2 オーブントースターの天板にアルミホイルをしき、サバをのせます。ボールに残りの材料を入れ、塩・コショー少々を振って混ぜ合わせ、サバにのせて8～10分焼きます。

ゆでダコ

下処理なしで使え、うま味と食感がある素材です。

34 タコの串焼き

歯ごたえのよさを楽しむ、シンプルなひと品。

材料（1人分）
・ゆでダコ（足）…80g　・玉ねぎ…1/2コ　・椎茸…1枚　・サラダ油…大サジ1/2杯　・コショー…少少　・塩…小サジ1/5杯

作り方（1〜2は前日の作業でも可）

1 タコは厚さ5mmの輪切りにします。玉ねぎは芯を取り除き、2.5cm角に切ります。椎茸は軸を落として4等分に切ります。

2 竹串4本をべんとう箱に入る長さに切り、1を交互に刺します。

3 フライパンにサラダ油を中火で熱し、2を入れて全体を4分ほど焼きます。フタをして弱火にし、3分ほど蒸し焼きにして塩・コショーします。

35 タコとごぼうの甘辛煮

ごぼうがタコのうま味を含み、滋味深いおいしさ。

材料（1人分）
・ゆでダコ（足）…80g（タテ半分に切り、幅1cmに斜め切り）
・ごぼう…60g（皮をこそげ取って幅5mmの斜めうす切り）
A
・唐辛子…1本
・日本酒、みりん…各大サジ1杯
・しょう油…大サジ2/3〜1杯
・砂糖…小サジ1杯

作り方（各手順、前日の作業でも可）

1 ごぼうは洗って水気をきります。

2 フライパンにサラダ油小サジ1杯（分量外）を中火で熱し、タコとごぼうを入れて1分ほど炒めます。Aを加えて混ぜ、フタをして弱火にし、タコが柔らかくなるまで5分ほど煮ます。フタを取り、煮汁がなくなるまで煮詰めます。

コラム

おべんとうに便利なヤリイカ

小ぶりなヤリイカは、皮をむかなくても使え、下処理がとても簡単。時間がたっても柔らかく味わえるので、おべんとうにおすすめの素材です。

ヤリイカの下処理

1 ヤリイカは胴の内側に指を入れ、軟骨をはがすように引いて取ります。続けて、足を引いてワタを抜き取ります。

2 まな板に足を置き、目の下に庖丁を入れてワタを切り落とします。

3 胴と足を水洗いし、水気を拭き取ります。

4 足のつけ根の真ん中にあるくちばしを取り除きます。くちばしを下から押して飛び出させ、指でつまんで取りましょう。

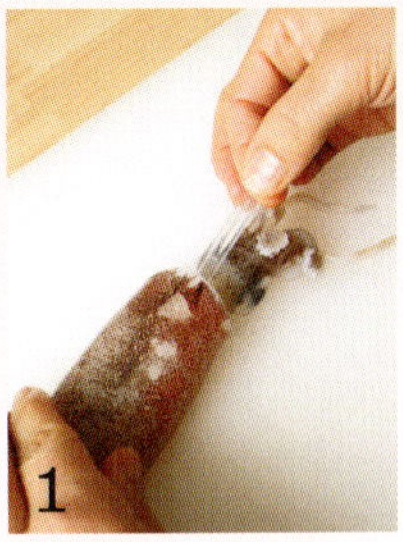
1

2

4

36 ヤリイカの甘辛煮

材料（1人分）

・ヤリイカ…小2ハイ（240g）　・しょうが…小$\frac{1}{2}$片（皮をむいてうす切り）　A〔・水…大サジ3杯　・日本酒…大サジ2杯　・みりん…大サジ1杯　・しょう油…大サジ1杯　・砂糖…小サジ1杯〕

作り方（各手順、前日の作業でも可）

1 ヤリイカは上記のように下処理をし、胴を幅3cmの輪切りにします。

2 小さめのフライパンにAとしょうがを入れて弱めの中火にかけ、煮立ったらイカの胴と足を入れます。混ぜながら、イカがふっくらとして汁気がほぼなくなるまで煮ます。

37 ヤリイカと野菜の炒めもの

材料（1人分）

・ヤリイカ…小1パイ（120g）　・ブロッコリー…60g　・ズッキーニ…4cm　・オリーブ油…小サジ2杯　・塩…小サジ$\frac{1}{5}$杯　・コショー…少々

作り方（1〜2は前日の作業でも可）

1 ヤリイカは上記のように下処理をし、胴を幅3cmの輪切りにします。

2 ブロッコリーは小房に切り分け、大きなものはタテ2つ〜4つに切ります。ズッキーニはピーラーでタテに3本ほど皮をむき、厚さ1cmの輪切りにします。

3 フライパンにオリーブ油を中火で熱し、ブロッコリーとズッキーニを入れて全体を焼き、端に寄せます。あいた部分にイカの胴と足を加えて1〜2分炒め、塩・コショーし、全体を炒め合わせて火を止めます。

ヤリイカと野菜の炒めもの

ヤリイカの甘辛煮

玉子

おかずにたんぱく質が足りないときに重宝します。

38 ゆで玉子のみそ漬け

ポリ袋を使えば、少量のみそで作れます。

材料（1人分）
- ゆで玉子…1コ
- みそ…大サジ1杯

作り方

1 ゆで玉子はカラをむきます。小さめのポリ袋の底の角に、みそとゆで玉子を順に入れ、玉子全体にみそをまぶします。空気を抜きながら袋の口を結び、容器に入れて冷蔵庫で一晩〜二晩ほどおきます。

1

2 玉子のみそを拭き取り、半分に切ります。

39 ゆで玉子の甘酢照り焼き

いつものゆで玉子が、満足感のあるひと品に。

材料（1人分）
- ゆで玉子…1コ
- 細ねぎ、片栗粉、白炒りごま…各少々
- ポン酢しょう油…大サジ1杯
- 砂糖…小サジ1杯

作り方

1 ゆで玉子はカラをむいてタテ半分に切り、切り口に片栗粉をまぶします。細ねぎは小口切りにします。

2 フライパンに、サラダ油小サジ1/2杯（分量外）を中火で熱し、ゆで玉子の切り口を下にして入れ、色よく焼きます。裏返してさっと焼き、ポン酢しょう油と砂糖を加えて弱火でからめます。火を止めて、細ねぎとごまをまぶします。

40 キャベツ入り玉子焼き

玉子液を一度に流し、かき混ぜて焼くのがコツ。

材料（2人分）
- 玉子…2コ
- キャベツ…50g
- 日本酒、サラダ油…各小サジ1杯
- 塩…小サジ1/5杯

作り方（1は前日の作業でも可）

1 キャベツは幅3cmに切り、重ねてせん切りにします。

2 ボールに玉子をほぐし、日本酒と塩を加えて混ぜます。

3 玉子焼き器にサラダ油の半量を中火で熱し、キャベツを入れてさっと炒め、2に加えて混ぜ合わせます。

4 玉子焼き器に残りのサラダ油を足して中火で熱し、3を一度に流し入れ、菜箸で混ぜながら半熟状になるまで焼きます（a）。奥から2つか3つに折り畳み（b）、形を整えて弱火で2分ほど焼き、上下を返して2分ほど焼きます。

5 玉子焼きを巻きすに取って巻き、形を整えます。冷めたら食べやすい大きさに切ります。

3

4-a

4-b

41 マーマレード入り玉子焼き

甘く、あと味はさわやかな玉子焼き。

材料（2人分）
- 玉子…2コ
- 日本酒…小サジ1杯
- 塩…少々
- マーマレード…大サジ1杯
- サラダ油…小サジ1/2杯

作り方

ボールに玉子をほぐし、日本酒、塩、マーマレードを加えて混ぜます。上記のキャベツ入り玉子焼きの手順4～5と同様に作ります。

42 揉み海苔入り玉子焼き

うま味のある海苔が、ダシの役割をします。

材料（2人分）
- 玉子…2コ　•日本酒…小サジ1杯　•しょう油、塩…各少々　•焼き海苔…1/2枚　•サラダ油…小サジ1/2杯

作り方

海苔は揉み海苔にします。ボールに玉子をほぐし、日本酒、しょう油、塩を加えて混ぜ、さらに海苔を混ぜます。上記のキャベツ入り玉子焼きの手順4～5と同様に作ります。

大豆（ドライ缶）

水きり不要で、水煮より食感がよいのが特長。

43 じゃこ入り大豆のひと口焼き

じゃことごまを混ぜ、香ばしく焼き上げます。

材料（2人分）

- 大豆（ドライ缶）…1缶（120g）　・ごま油…小サジ1杯

A
- ちりめんじゃこ…大サジ3杯
- 白炒りごま…大サジ1/2杯
- 小麦粉…大サジ3杯
- しょう油…小サジ1/2杯
- 塩…少々
- 水…大サジ3杯

作り方（各手順、前日の作業でも可）

1 大豆はボールに入れ、手で握るか、フォークの背で粗くつぶします。Aを加えて混ぜ合わせます。

2 フライパンにごま油を弱めの中火で熱し、1を1/4量ずつスプーンですくい取り、間隔をあけて入れます。3分ほど焼き、返して2分ほど焼きます。

44 大豆とツナのサラダ

玉ねぎのシャキシャキ感がアクセント。

材料（2〜3人分）

- 大豆（ドライ缶）…1缶（120g）　・玉ねぎ…1/4コ　・トマト…小1コ　・ツナ…小1/2缶（40g）
- パセリ…大サジ2杯（みじん切り）
- 塩、コショー…各少々
- フレンチドレッシング…大サジ2杯

作り方（各手順、前日の作業でも可）

1 玉ねぎは5㎜角に切ります。トマトはヨコ半分に切り、種を取り除いて1.5㎝角に切ります。

2 ボールに大豆を入れてドレッシングを加えて和えます。汁気をきってほぐしたツナ、玉ねぎ、トマト、パセリを入れ、塩・コショーしてさらに和えます。

れんこん

切ったりすりおろしたり、食感もさまざまに。

45 れんこんの土佐煮

かつおぶしを生かした、ダシいらずの簡単煮もの。

材料（4人分）
- れんこん…1節（200g）
- かつおぶし…6g
- サラダ油…小サジ1杯

A
- みりん…大サジ1杯
- しょう油…小サジ2～3杯
- 水…60mℓ

作り方（各手順、前日の作業でも可）

1 れんこんはピーラーで皮をむいて厚さ1cmの半月切りにします。水でさっと洗い、水気を拭き取ります。

2 フライパンにサラダ油を中火で熱し、れんこんを入れて1分ほど炒めます。かつおぶしの半量とAを加えてフタをし、ときどき混ぜながら、汁気がなくなるまで煮ます。火を止めて、残りのかつおぶしを加えてまぶします。

46 おろしれんこんのひと口焼き

もっちりとした食感を楽しめます。

材料（1人分）
- れんこん…正味120g（すりおろす）
- 長ねぎ…2～3cm
- かつおぶし…2g
- しょう油、塩…各少々
- 小麦粉…大サジ2杯

作り方

1 長ねぎはタテ4等分にし、端からうす切りにします。ボールに入れ、残りの材料を加えてよく混ぜ合わせます。3等分にし、手を水で濡らして形を丸く整えます。

2 フライパンにサラダ油小サジ1杯（分量外）を弱めの中火で熱し、1を入れてフライ返しで直径5cm位にのばします。3分ほど焼いたら返してフタをし、さらに3分焼きます。

かぼちゃ

甘く、ホクホクとした食感。冷凍保存もできます。

47 かぼちゃソテー

じっくり焼いて、かぼちゃの甘味を引き出します。

材料（1人分）

・かぼちゃ…120g
・サラダ油…小サジ1杯
・塩…少々

作り方（1は前日の作業でも可）

1 かぼちゃは皮をよく洗ってスプーンでワタと種を取り除きます。厚さ1cmに切り、幅3～4等分に食べやすく切ります。

2 フライパンにサラダ油を弱火で熱し、かぼちゃを入れ、フタをして3～4分蒸し焼きにします。上下を返し、再びフタをして、柔らかくなるまでさらに2分ほど焼きます。

3 フタを取って弱めの中火にし、両面を焼き目がつくまで焼いて塩を振ります。

48 かぼちゃときゅうりのサラダ

柔らかな食感に、塩揉みきゅうりがアクセント。

材料（4人分）

・かぼちゃ…正味300g（2cm角に切る）　・きゅうり…1本（うすい輪切り）　・フレンチドレッシング、マヨネーズ…各大サジ2杯
・塩…小サジ1/3杯

作り方（前日に作っても可）

1 鍋にかぼちゃと水カップ1/2杯を入れ、フタをして中火にかけます。煮立ったら弱めの中火にし、柔らかくなるまで8～10分蒸し煮にします。湯をきってボールに移し、すぐにドレッシングと和えて冷まします。

2 きゅうりは塩を振って混ぜ、10分ほどおいてしんなりとしたら、水で洗って水気をしぼります。1に入れ、マヨネーズを加えて和えます。

さつまいも

食物センイが豊富で、日持ちする素材です。

49 さつまいものハチミツレモン漬け

箸休めにぴったり。3日ほどおいしく味わえます。

材料（2〜3人分）
- さつまいも…小1本（150g）
- 揚げ油…適量

A（混ぜ合わせておく）
- ハチミツ…大サジ2杯
- レモン汁…大サジ2杯

作り方（各手順、前日の作業でも可）

1 さつまいもは洗って皮つきのまま、ひと口大の乱切りにします。水にさらし、水気をよく拭き取ります。

2 フライパンの深さ2〜3cm位まで揚げ油を入れ、160〜170℃に熱します。さつまいもを入れ、柔らかくなるまで弱火で5〜6分揚げて、最後に油の温度を上げてカリッとさせます。取り出して油をきり、Aと和えて冷まします。

50 さつまいもとレーズンのサラダ

甘酸っぱい風味の、デザート感覚のサラダ。

材料（4人分）
- さつまいも…1本（皮つきのまま1.5cm角に切り、水に10分さらす）
- レーズン…大サジ4杯（水でもどす）
- パセリ…大サジ1〜2杯（みじん切り）
- フレンチドレッシング…大サジ3杯
- 塩、コショー…各少々

作り方（前日に作っても可）

1 鍋にさつまいもと水カップ1杯を入れ、フタをして中火にかけます。煮立ったら弱めの中火にし、10分ほどゆでて湯をきります。

2 1をすぐにボールに移し、ドレッシングで和えて冷まします。水気をしぼったレーズン、パセリ、塩・コショーを加えて混ぜ合わせます。

知っておきたいおべんとう作りのポイント1

◎おべんとうの基本（大庭英子さん）

傷み防止の工夫

おべんとうは、作ってから時間をおいて食べるので、傷まないよう注意します。おかずやご飯は必ず粗熱を取ってからおべんとう箱に詰めましょう。作ったおかずはバットや大皿に置いて冷ましますが、間隔をあけて置くと冷めやすくなります。このとき、全体の色合いをチェックする習慣をつけるとよいでしょう。

暑い時季は生野菜や果物を避けます。また、一緒に保冷剤を包むのもおすすめ。おべんとう箱に酢をうすく塗ったり、おかずに酢を少々加えて作っても、傷みにくくなります。

小さな道具を活用

おべんとう作りであると便利なのは、小さめのフライパンや鍋。少量のおかずが作りやすく、洗いものも楽になります。揚げものは油の後処理が面倒と敬遠されがちですが、直径18cmほどのフライパンなら、少なめの油で揚げられます。玉子焼き器も、10×15cmほどのミニサイズがあると、玉子2コでもふっくらと厚みのある玉子焼きが作れます。

また、少量のおかず作りは、つい塩分過多になりがち。塩1gは小サジ1/5杯と覚え、1mlの計量スプーンを使うと量りやすいでしょう。

◎短時間で仕上げるコツ（川津幸子さん）

下準備で段取りよく

おべんとう作りは、調理以外にも、冷ましたり、詰めたりと、手間がかかります。前日からできる下準備を、夕食作りのついでにしておきましょう。材料を切っておく、タネを作っておく、タレに漬けておく、などを前日にしておけば、翌朝すぐに調理に取りかかることができます。

また、魚をグリルで焼くときに、野菜も一緒に焼けば、付け合わせが同時にできて調理の手間が省けます。同様に、同時にレンジにかけたり、同時に煮たりして、もうひと品できないか、考えるようにしましょう。

きれいに詰めるには

おべんとう箱に詰める作業は、慣れないと悩んで時間がかかったり、うまく入りきらなかったりするものです。はじめにメインのスペースを想定してご飯を詰め、最後に形が自由に変えられるサブや付け合わせを入れると、スムーズに詰めることができます。ご飯は、斜めにしたり、真ん中に詰めてもよいでしょう。

おかずの味が混ざらないようにするには、市販のカップを使っても結構ですが、あいたスペースに合わせて切ったアルミホイルを使えば、好きな量を好きな形に詰められます。

写真　三木麻奈　　木村 拓

朝20分で作るおべんとう

忙しい朝でも、おべんとうを20分で完成させることができるおかずを、「シンプルメニュー」、「作り置きおかず」、「ひと盛りおかず」の3つに分けてご紹介します。

料理　川津幸子　写真　木村 拓

ビビンバべんとう

ご飯の上に、作り置きのそぼろと、さっと炒めたナムルを詰めます。
食べごたえもある、野菜たっぷりのひと盛りべんとうです。

●韓国風そぼろ 46頁
冷蔵・冷凍保存できて、野菜や玉子と好相性。
○温泉玉子 54頁（欄外）
カラごと持って行き、食べる直前に加えます。
○コチュジャン
○韓国唐辛子
●ナムル 54頁
もやし、きゅうり、にんじんを順にごま油で炒めます。

川津幸子さんが考えるおべんとう作りが続くコツ

息子のために5年間おべんとうを作り続けましたが、仕事をしながらのおべんとう作りはあまり時間をかけていられません。忙しい朝には、20分位でおべんとうを作れるようになりたいもの。とは言え、20分でできることは案外少なく、なるべく少ない材料で手早くできるおかずを作りました。それでも毎朝、いちから作り始めるのは大変です。前日の夕食作りのついでに、おべんとう用の材料を切ったり、調味料を量っておけば、朝は炒めるだけ、煮るだけ、と時間を短縮できます。また、余裕があるときに作り置いておき、日持ちするおかずにも助けられました。

「おべんとうの汁がもれた」と、息子から言われたことがあります。そこで、ご飯の上におかずをのせる「のっけべんとう」にしたら、汁もれを防げ、味のしみたご飯も好評でした。寝坊したときは、肉と野菜を一緒に炒めたおかずをご飯にのせるだけで充分だと思えば、楽な気持ちでおべんとう作りが続けられます。

シンプル・ゆで肉 メイン

柚子豚べんとう

- 柚子豚 39頁
- しょう油豆 48頁
- じゃこねぎ炒り玉子 42頁

シンプル・焼き魚 メイン

サバのカレームニエルべんとう

- ブロッコリーの塩昆布和え 110頁
- サバのカレームニエル 38頁
- 鶏そぼろ入りひじき 49頁

シンプル・揚げ焼き メイン

かんたんメンチカツべんとう

- かんたんメンチカツ 36頁
- じゃこねぎ炒り玉子 42頁
- にんじんサラダ 111頁

シンプル・蒸し肉 メイン

豚ひき肉の皿蒸しべんとう

- 焼きピーマンのおかか和え 110頁
- にんじんシリシリ 48頁
- 豚ひき肉の皿蒸し 40頁

シンプル・エビ炒め メイン

エビのケチャップ炒めべんとう

- れんこんの焼きびたし 111頁
- 塩ゆでブロッコリー
- 豆板醤入り炒り玉子 42頁
- エビのケチャップ炒め 38頁

シンプル・焼き肉 メイン

豚肉の甘辛焼きべんとう

- キャベツと青じそのせん切り 37頁
- 豚肉の甘辛焼き 37頁
- 竹輪とにんじんのごま和え 41頁
- 塩ゆでブロッコリー

シンプル・焼き魚 メイン

鮭のごまみそ焼きべんとう

- 鮭のごまみそ焼き 40頁
- じゃことセロリの炒め煮 43頁
- 焼きれんこん、焼き長ねぎのしょう油和え 40頁

シンプル・煮魚 メイン

鮭のうま煮べんとう

- 桜エビと塩昆布の炊き込みご飯 58頁
- 鮭のうま煮 39頁
- キャベツの梅じそおかか和え 110頁
- しめじと海苔の佃煮 111頁

シンプル・焼き肉 メイン

豚肉のレモンじょう油焼きべんとう

- みょうがのみそ炒め 111頁
- 豚肉のレモンじょう油焼き 37頁
- ツナ入りポテトサラダ 50頁

※メインおかずのカテゴリーごとに分類しています。

作り置き・オーブン メイン

ミートローフべんとう

作り置き・炒め肉 メイン

韓国風そぼろべんとう

作り置き・ゆで肉 メイン

ゆで豚べんとう

展開・オーブン メイン

ミートローフサンドべんとう

展開・炒め肉 メイン

チャプチェべんとう

展開・ゆで肉 メイン

回鍋肉べんとう

ひと盛り・焼きもの メイン

鶏と野菜の照り焼きべんとう

ひと盛り・炒めもの メイン

ドライカレーべんとう

ひと盛り・炒めもの メイン

オムライスべんとう

●メインおかず ●サブおかず ●付け合わせ ●ご飯・パン ○その他

朝20分で作るおべんとうのレシピ集

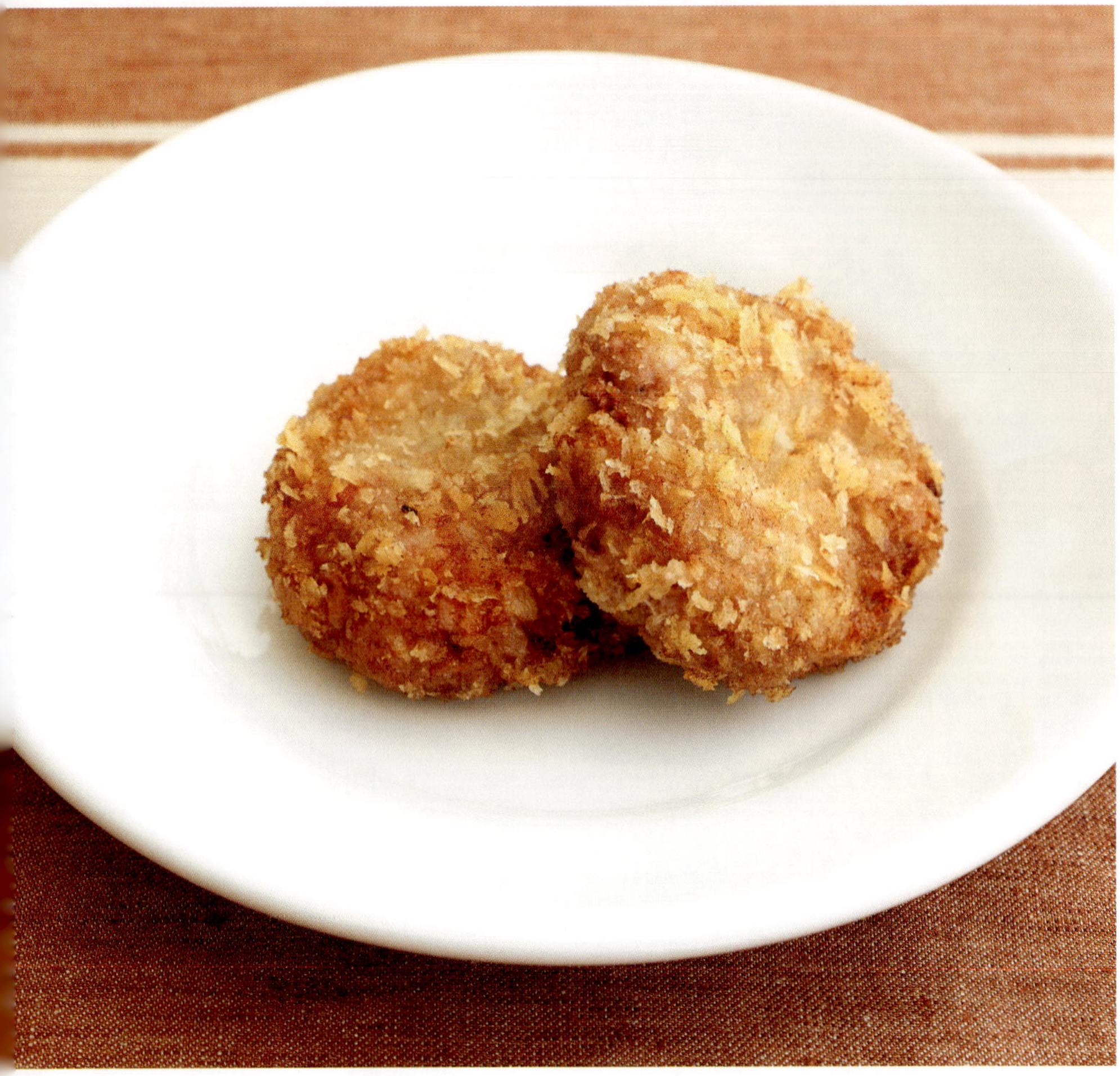

シンプルメニュー

使う材料も手順も少なくて手早くできる、シンプルに素材を生かしたおかずです。

51 かんたんメンチカツ

少ない油で揚げ焼きするメンチカツです。
ベーコンと粉チーズを加えてコクを出します。

材料（1人分）

- 豚ひき肉…80g
- 玉ねぎ…30g
- ベーコン…10g
- 粉チーズ…大サジ1杯
- パン粉…適量
- 塩、コショー…各少々
- サラダ油…60㎖

作り方（1〜2は前日の作業でも可）

1 玉ねぎ、ベーコンはみじん切りにします。豚ひき肉をボールに入れ、塩・コショーを加えて手でよく練ります。玉ねぎ、ベーコン、粉チーズを加えてよく混ぜます。

2 1を2等分にし、平らな円形に整えます。

3 2の表面に水少々をつけて、全体にパン粉を押すようにまぶしつけます。

4 フライパンにサラダ油を入れて中火で熱し、3を入れて、弱火で揚げ焼きします。スプーンで油をすくいかけながら、途中で裏返してじっくりと火を通します。両面がきつね色になり、火が通ったら完成です。

※ケチャップをかけても結構です。

1

2

4

52 豚肉の甘辛焼き

豚肉のうま味を生かした甘めのしょうゆ味です。

材料（1人分）
・豚ロース肉（うす切り）…80g
・塩、コショー、片栗粉、サラダ油…各少々

タレ（混ぜ合わせておく）
・しょう油…小サジ1/2杯
・日本酒…小サジ1/2杯
・砂糖…小サジ1/2杯

作り方
1 豚肉に塩・コショーを振り、片栗粉をうすくまぶします。
※片栗粉はハケを使ってまぶすと、全体にうすく均一につけることができます。
2 フライパンにサラダ油を入れて中火で熱し、豚肉を入れ、両面に焼き色がつくまで焼きます。合わせたタレを加え、強火にしてからめます。
※詰め合わせるときは、キャベツ1枚と青じそ1枚をせん切りにして合わせた上に肉をのせます。

53 豚肉のレモンじょう油焼き

レモンに漬けた肉が柔らかく、さわやかな風味。

材料（1人分）
・豚ロース肉（うす切り）…80g
・細ねぎ…1本
・レモン…1/8コ（しぼる）
・しょう油…小サジ1/2杯
・塩、コショー…各少々
・オリーブ油…小サジ1/2杯

作り方（1は前日の作業でも可）
1 細ねぎは長さ3cmに切ります。豚肉は塩・コショーを振り、レモンのしぼり汁をかけて10分ほどおきます。
2 フライパンにオリーブ油を入れて中火で熱し、豚肉を焼きます。両面に焼き色がついたら、鍋肌からしょう油をまわしかけ、肉にからめて火を止めます。冷めてから細ねぎを散らします。

54 サバのカレームニエル

皮をパリッと焼くことで、サバのクセを消します。

材料（1人分）
- サバ（三枚おろし）…1/4尾
- 薄力粉…小サジ1杯
- カレー粉…小サジ1/4杯
- レモン…1/8コ（しぼる）
- しょう油…小サジ1/2杯
- 塩、コショー…各少々
- サラダ油…小サジ2杯

作り方

1 サバは幅2cmのそぎ切りにし、塩・コショーを振ります。バットに薄力粉とカレー粉を合わせ、サバ全体にまぶします。

2 フライパンにサラダ油を入れて中火で熱し、サバを皮目から焼きます。焼き色がついたら裏返して焼きます。余分な油をキッチンペーパーで拭き取り、レモン汁、しょう油を加えてからめます。

※サバのほかに、カジキでもおいしくできます。

55 エビのケチャップ炒め

かんたんエビチリ風。ほのかに辛味を効かせます。

材料（1人分）
- エビ…カラをむいて80g
- 塩、コショー、日本酒、ごま油…各少々　・片栗粉…小サジ1/4杯
- サラダ油…小サジ2杯

A
- にんにく…少々（みじん切り）
- トマトケチャップ…小サジ2杯
- 豆板醤…小サジ1/3杯

B
- 砂糖…小サジ1/3杯
- 日本酒…小サジ1/2杯
- しょう油…小サジ1/2杯

作り方

1 エビは背ワタを取り、塩、コショー、日本酒、片栗粉をからめます。

2 フライパンにサラダ油小サジ1杯を中火で熱し、エビを入れて両面を焼きます。エビに八割火が通ったら、奥にエビを置き、フライパンを手前に傾けてそこにサラダ油小サジ1杯を入れ、Aを炒めます。ここにBも加え、エビと混ぜ合わせます。仕上げにごま油を加えてからめます。

56 鮭のうま煮

鮭を煮て、しっとりと柔らかく仕上げます。

材料（1人分）

- 生鮭…1切れ
- 細ねぎ…5本

煮汁

- 水…カップ1/4杯
- 日本酒…大サジ2杯
- しょう油…大サジ1杯
- みりん…大サジ1杯
- 砂糖…小サジ1杯

作り方（1は前日の作業でも可）

1 鮭は2つに切ります。細ねぎは長さ4cmに切ります。

2 鍋に煮汁の材料を入れて中火で煮立て、鮭を加えます。ときどきスプーンで煮汁をすくいかけながら、6～7分煮ます。鮭の横に細ねぎを加えてさっと煮ます。

57 柚子豚

ゆでてヘルシーに。柚子の香りが食欲をそそります。

材料（1人分）

- 豚ロース肉（しゃぶしゃぶ用）…80g
- しょうが…1枚（うす切り）

漬け汁

- しょう油…大サジ1/2杯
- みりん…小サジ1杯弱
- 酢…小サジ1杯弱
- 柚子（皮）…少々（すりおろし）

作り方（各手順、前日の作業でも可）

1 ボールに漬け汁の材料を合わせます。

2 鍋に湯を沸かし、しょうがを入れて中火にかけ、豚肉を1枚ずつ広げて入れ、火が通るまでゆでます。水気をよくきってから、漬け汁に10分ほど漬けます。

58 豚ひき肉の皿蒸し

レンジで作る、かんたん皮なしシューマイ。

材料（1人分）
- 豚ひき肉…80g
- 玉ねぎ…1/4コ
- 椎茸…1枚
- 塩…1つまみ
- 片栗粉…小サジ1杯
- しょうが…少々

A
- 砂糖、日本酒、しょう油、ごま油…各小サジ1/2杯弱
- 水…小サジ2杯

作り方（1〜2は前日の作業でも可）

1 玉ねぎ、しょうがはみじん切りに、椎茸は軸を取ってみじん切りにします。

2 ひき肉に塩を加えて手でよく練ります。Aとしょうがを加えて混ぜ、片栗粉を加えて混ぜます。さらに、玉ねぎ、椎茸を加えて混ぜます。

3 耐熱皿に2を平らに広げ、ラップをかけて電子レンジで4分加熱します。ラップをしたまま冷まします。

59 鮭のごまみそ焼き

鮭に甘辛いごまみそを塗って香ばしく仕上げます。

材料（1人分）
- 生鮭…1切れ
- 塩…小サジ1/2杯

ごまみそ
- 白すりごま…小サジ1杯
- みそ…小サジ1杯
- 水…小サジ1杯
- 砂糖…小サジ1/2杯

作り方（1は前日の作業でも可）

1 鮭は2つに切ります。水カップ1/2杯に塩を溶かして鮭を漬け、15分ほどおいて水気を拭き取ります。ボールにごまみその材料を入れ、混ぜ合わせます。

2 魚焼きグリルに鮭を入れて両面を焼きます。八割ほど火が通ったら、身の上面にごまみそを塗り、みそが煮立つまでさらに焼きます。

※手順2で、好みの野菜を一緒に焼き、しょう油少々でからめれば、付け合わせも同時にできます。

60 ソーセージとキャベツの蒸し煮

材料を弱火で蒸すだけ。バターの風味が広がります。

材料（1人分）
- ソーセージ…2本
- キャベツ…70g
- バター（食塩不使用）…5g

A
- 顆粒鶏ガラスープの素…小サジ1/4杯
- 塩、コショー…各少々
- 水…大サジ2杯

作り方（1は前日の作業でも可）

1 キャベツは幅1cmに切ります。

2 鍋にキャベツとソーセージを入れ、Aを加えてバターをのせ、フタをして弱火で3～4分蒸し煮します。

61 竹輪とにんじんのごま和え

ほんのり甘く香ばしい和え衣は、酢が隠し味。

材料（1人分）
- 竹輪…1/2本（35g）
- にんじん…50g

和え衣
- 白すりごま…小サジ2杯
- 砂糖…小サジ1/2杯
- しょう油…小サジ1杯
- 酢…少々

作り方（1は前日の作業でも可）

1 竹輪、にんじんは、厚さ3mmの輪切りにします。ボールに和え衣の材料を入れてよく混ぜ合わせます。

2 小鍋に湯を沸かし、中火でにんじんをゆで、柔らかくなったら竹輪を加えてさっと湯を通し、ザルに上げてゆで汁をきります。

3 ボールの和え衣に、にんじんと竹輪を加えて和えます。

62 豆板醤入り炒り玉子

手早く、かんたんにできるおすすめの玉子料理です。

材料（1人分）
- 玉子…1コ　•長ねぎ…5cm
- にんにく…少々
- 豆板醤…小サジ$\frac{1}{4}$杯
- サラダ油…大サジ$\frac{1}{2}$杯

A
- 水…大サジ$\frac{1}{2}$杯
- しょう油…少々
- 日本酒…少々
- 顆粒鶏ガラスープの素…少々

作り方（1は前日の作業でも可）

1 長ねぎ、にんにくはみじん切りにします。

2 ボールに玉子を割り入れて溶きほぐします。Aを加えて混ぜます。

3 フライパンにサラダ油とにんにくを入れて中火で熱し、香りが立ったら豆板醤、長ねぎ、2の順に加えて菜箸で混ぜ、炒め合わせます。

63 じゃこねぎ炒り玉子

じゃこやかつおぶしを加えて、ご飯に合う和風味に。

材料（1人分）
- 玉子…1コ（溶く）
- ちりめんじゃこ…5g
- 細ねぎ…大サジ1杯（小口切り）
- かつおぶし…1g　•サラダ油、ごま油…各小サジ$\frac{1}{2}$杯

作り方

フライパンにサラダ油とごま油を中火で熱し、じゃこをさっと炒めます。玉子を加えて混ぜ、半熟になったらねぎ、かつおぶしを加えて混ぜます。

64 玉子の甘辛焼き

タレを煮立てて、玉子にしっかりとからめます。

材料（1人分）
- 玉子…1コ（溶く）
- サラダ油…小サジ$\frac{1}{2}$杯

タレ（混ぜ合わせておく）
- しょう油…小サジ1杯
- みりん、砂糖…各小サジ$\frac{1}{2}$杯

作り方

フライパンにサラダ油を中火で熱し、玉子を入れて菜箸で混ぜます。半熟になったら半分に折り、タレを加えて煮立て、玉子にからめます。

65 じゃことセロリの炒め煮

余りがちなセロリの葉を有効活用。ご飯に混ぜても。

材料（1人分）
- セロリ（葉）…1本分
- ちりめんじゃこ…5g
- サラダ油…小サジ1杯
- ごま油…少々

A（混ぜ合わせておく）
- しょう油…小サジ1杯
- みりん…小サジ1杯

作り方（1は前日の作業でも可）

1 セロリの葉は幅5㎜に刻みます。

2 フライパンにサラダ油を入れて中火で熱し、ちりめんじゃこをさっと炒め、セロリの葉を加えて炒め合わせます。葉がしんなりしたらAを加えてからめ、火を止めてごま油をまわしかけます。

66 さつま揚げとごぼうの煮もの

さつま揚げを使ったボリュームのある煮ものです。

材料（2人分）
- さつま揚げ…1枚（50g）
- ごぼう…50g
- にんじん…20g
- サラダ油…小サジ1杯

煮汁
- 水…カップ1/2杯
- しょう油…大サジ1杯
- 日本酒…小サジ2杯
- 砂糖…小サジ2杯
- みりん…小サジ1杯

作り方（1は前日の作業でも可）

1 さつま揚げは厚さ5㎜のうす切りにします。ごぼうはタテ半分に切って斜めうす切りにし、水にさらします。にんじんは長さ3㎝、幅1㎝、厚さ2㎜の短冊切りにします。

2 鍋にサラダ油を入れて中火で熱し、水気をきったごぼうとにんじんを炒めます。さつま揚げを加えてさっと炒め合わせたら、煮汁の材料を加えて6～10分ほど煮ます。

作り置きおかず

日持ちするおかずを時間があるときに作っておけば、朝は詰めるだけ。別の料理にもアレンジできます。

作り置き

67 ゆで豚

ふっくらと柔らかく、ジューシーな仕上がり。そのままタレでいただくほかに、展開料理にも。

冷蔵 3~4日
冷凍 1カ月

材料（作りやすい分量）
- 豚肩ロース肉（ブロック）…約250gを2本
- しょうが…1片
- 長ねぎ（青い部分）…1本

作り方
豚肉はたこ糸で縛ります。鍋にたっぷりの湯を沸かし、しょうが、長ねぎ、豚肉を入れて弱火にかけ、20分ほどゆでます。途中でアクが出たら取ります。ゆで汁に漬けたまま冷まします。

※ゆで豚は、熱いうちに「68 煮豚」（45頁）に展開できます。冷めてからは「69 回鍋肉」（45頁）に展開できます。

※そのままおかずにするときは、四川ダレとキャベツを添えます。

材料
- ゆで豚…100g
- キャベツ…100g

四川ダレ
- しょう油…大サジ1杯
- 砂糖、ごま油…各小サジ1杯
- 豆板醤…小サジ1/4杯
- にんにく（すりおろし）…少々（適宜）

作り方
ゆで豚を厚さ4mmに切ります。キャベツをひと口大に切り、耐熱皿に入れてラップをかけ、電子レンジで1分30秒加熱します。冷めたら、汁気をしぼります。四川ダレの材料を合わせ、容器に詰めます。

※44～50、111頁には、適した保存方法と一般的な冷蔵庫での保存期間のめやすを併記しています。ご家庭の環境や季節によって保存期間は多少異なりますので、状態を確認して早めに食べきってください。おべんとう箱に詰めるときは一度加熱してから詰めてください。

展開料理

68 煮豚

できたてのゆで豚（44頁）とゆで玉子を煮込みます。

冷蔵3~4日　冷凍1カ月＊

材料（2人分）
・ゆで豚…44頁出来上がりの半量
※ゆでたての熱い状態から調理。
・玉子…2コ

煮汁
・ゆで豚のゆで汁（44頁）…カップ1/2杯
・しょう油…大サジ3杯
・紹興酒（または日本酒）…大サジ3杯

作り方（1は前日の作業でも可）

1 ゆで玉子を作ります。鍋に玉子と玉子がかぶる位の水を入れ、中火にかけ、沸騰したら菜箸で玉子を1分転がし、それから5分ゆでます。

2 鍋に煮汁の材料を入れて中火にかけて煮立てます。ゆでたてのゆで豚を入れ、煮汁をかけながら7分ほど煮ます。

3 カラをむいたゆで玉子を加え、煮汁をかけながら5分ほど煮ます。

展開料理

69 回鍋肉《ホイコーロー》

ゆで豚（44頁）で、厚切り肉の炒めものも手早く完成。

材料（1人分）
・ゆで豚（44頁）…60~80g（厚さ5mmに切る）　・ピーマン…1コ（2cm角に切る）　・キャベツ…2枚（ひと口大に切る）　・にんにく、しょうが…各少々（みじん切り）　・サラダ油…適量

A・甜麺醤…小サジ1~2杯　・豆板醤、砂糖…各小サジ2/3杯　・紹興酒（または日本酒）…小サジ1杯
・しょう油…大サジ1/2杯

作り方

フライパンにサラダ油小サジ1杯を中火で熱し、ピーマンとキャベツを炒め、取り出します。サラダ油小サジ1杯を加え、ゆで豚を入れて両面をさっと焼きます。奥に肉を置き、フライパンを手前に傾け、そこにサラダ油小サジ1杯を加え、にんにく、しょうがを炒め、混ぜ合わせておいたAを加えて煮立てます。野菜をもどし全体を混ぜます。

＊肉のみ冷凍可

作り置き

70 韓国風そぼろ

にんにくを効かせ、ごまの風味を加えます。

冷蔵 3~4日　冷凍 1カ月

材料（作りやすい分量）
- 牛ひき肉…200g

A
- 白すりごま…大サジ1杯
- にんにく…1片（すりおろし）
- しょう油…大サジ2杯
- 砂糖…小サジ2杯
- ごま油…小サジ2杯

作り方

フライパンに牛ひき肉を入れ、Aの材料を加えて中火にかけます。木べラでほぐして混ぜながら、ポロポロになって味がしみるまでよく炒めます。

※そのままおかずにするときは、ご飯の上にのせます。「71 チャプチェ」に展開できます。

展開料理

71 チャプチェ

韓国風そぼろ（上記）をアレンジした和えものです。

材料（1人分）
- 韓国風そぼろ（上記）…大サジ2杯
- 玉ねぎ…1/4コ
- 椎茸…1枚
- にんじん…20g
- ピーマン…小1コ

A
- しょう油…小サジ1杯
- ごま油…小サジ1/2杯
- 砂糖…小サジ1/2杯

作り方（1~2は前日の作業でも可）

1 玉ねぎと軸を取った椎茸はうす切りに、にんじん、ピーマンはせん切りにします。

2 耐熱の容器に1を入れて和え、Aをからめ、ラップをかけて電子レンジで3分加熱します。ラップをしたまま冷まします。

3 粗熱が取れたら、韓国風そぼろを混ぜます。

作り置き

72 ミートローフ

ハンバーグ生地を型に入れてオーブンで焼きます。

冷蔵3~4日　冷凍1カ月

材料（18×8.5×深さ6.5cmのパウンド型1台分）
- 牛ひき肉…400g
- 玉ねぎ…1コ（みじん切り）
- パン粉…カップ1/2杯
- 牛乳…カップ1/4杯
- バター…大サジ1杯

A
- 玉子…1コ
- トマトケチャップ…大サジ1杯
- 塩…小サジ1杯弱
- コショー、ナツメグ…各少々

作り方

中火のフライパンでバターを溶かし、玉ねぎを5分炒め、冷まします。ボールにパン粉と牛乳を入れ、ふやかします。玉ねぎ、牛肉、Aを加えてよく練ります。サラダ油少々(分量外)をうすく塗った型に入れ、200℃のオーブンで30分焼きます。

※厚さ2cmに切ってケチャップをかけます。「73 パン粉焼き」、「101 サンド」（61頁）に展開できます。

展開料理

73 ミートローフのチーズパン粉焼き

ミートローフ（上記）にチーズパン粉をまぶして焼きます。

材料（1人分）
- ミートローフ（上記）…1枚（厚さ2cm）

A
- パン粉…大サジ2杯
- パセリ…小サジ1杯（みじん切り）
- 粉チーズ…小サジ2杯
- 塩、コショー…各少々
- オリーブ油…小サジ1杯

作り方（1は前日の作業でも可）

1 バットにAを入れて混ぜます。

2 ミートローフの切り口の片面に1をのせます。

3 アルミホイル（またはクッキングシート）をしいた焼き皿に2をのせ、オーブントースターで焼き色がつくまで、3分ほど焼きます。

作り置き

74 にんじんシリシリ

バター風味の、食べごたえあるにんじん炒め。

冷蔵2日

材料（作りやすい分量）

- にんじん…1本
- 木綿豆腐…1/2丁（150g）
- ツナ…汁をきって50g
- 玉子…1コ
- 砂糖…小サジ1杯
- 塩…小サジ1/3～1/2杯
- バター（食塩不使用）…大サジ2杯

作り方

1 にんじんはグレーター（チーズおろし）でおろすか、せん切りにします。豆腐は4つに割り、キッチンペーパーを広げた耐熱皿にのせ、電子レンジで2分加熱します。ボールに玉子を割り入れ、溶きほぐします。

2 フライパンを中火で熱してバターを溶かし、にんじんを炒めます。しんなりしたら、豆腐とツナを加え、木ベラで豆腐をつぶしながら炒めます。砂糖、塩で味をととのえ、溶き玉子をまわし入れさっと炒めます。

作り置き

75 しょう油豆

カラ炒りして漬けて完成。香ばしく甘辛い箸休めです。

冷蔵1週間　冷凍1カ月

材料（作りやすい分量）

- 大豆（乾燥）…150g

漬け汁

- しょう油…75mℓ
- みりん…カップ1/4杯
- かつお昆布ダシ…カップ1/2杯

作り方

1 鍋に漬け汁の材料を入れ、ひと煮立ちさせます。

2 フライパンに大豆を入れ、弱めの中火にかけ、絶えず混ぜながらカラ炒りします。5分ほどして皮がはじけ、表面に香ばしい焼き色がついたら、熱いうちに1に漬け、一晩おきます。

作り置き

76 鶏そぼろ入りひじき

定番のひじき煮に、ひき肉を加えてボリュームアップ。

冷蔵3~4日 冷凍1カ月

材料（作りやすい分量）

- 鶏ひき肉…80g
- にんじん…30g
- しょうが…1/2片
- ひじき（乾燥）…25g
- サラダ油…小サジ1杯

煮汁

- 日本酒…大サジ2杯
- しょう油…大サジ2杯
- 砂糖…大サジ1杯
- かつお昆布ダシ…カップ1/2杯

作り方

1 ひじきは水に20分ほど漬けてもどします。長ければ、長さ3cmに切ります。にんじんはせん切りに、しょうがはみじん切りにします。

2 フライパンにサラダ油を入れて中火で熱し、しょうが、鶏ひき肉を炒めます。ひじきとにんじんを加えてさっと炒めて煮汁を加え、落としブタをして弱火で7~8分煮ます。

作り置き

77 じゃこ入り切り干し大根

じゃこのうま味が加わった定番の常備菜。

冷蔵3~4日 冷凍1カ月

材料（作りやすい分量）

- 切り干し大根（乾燥）…25g
- にんじん…30g
- 油揚げ…1/2枚
- ちりめんじゃこ…15g

煮汁

- かつお昆布ダシ…カップ1杯
- みりん…大サジ1杯
- 日本酒…大サジ1杯
- しょう油…大サジ1杯

作り方

1 切り干し大根は水に15分ほど漬けてもどし、水気をしぼって食べやすい長さに切ります。油揚げは細切りにします。にんじんは長さ4cmのせん切りにします。

2 鍋に1とちりめんじゃこを入れ、煮汁の材料を加えて中火にかけます。煮立ったら落としブタをし、弱火で7~8分煮ます。

作り置き

78 鮭フレーク

冷蔵4~5日　冷凍1カ月

焼き鮭にしょう油とサラダ油を加えてコクを出します。

材料（作りやすい分量）
- 塩鮭（甘塩）…3切れ（約210g）
- しょう油…小サジ1 1/2杯
- サラダ油…小サジ2杯

作り方

1 鮭は魚焼きグリルで両面を焼きます。皮と骨を除いてボールに入れ、フォークで細かくほぐします。

2 しょう油、サラダ油を加えて混ぜます。

※手順1、2ともに、あればフードプロセッサーにかけると、より細かくほぐれてよく混ざります。

作り置き

79 ツナ入りポテトサラダ

冷蔵3~4日

カレー風味でご飯にもパンにもぴったり。

材料（作りやすい分量）
- じゃがいも…2コ（250g）
- ツナ…1缶（70g）
- 玉ねぎ…1/6コ　・レモン汁…少々　・酢…大サジ1杯

A
- パセリ…小サジ2杯（みじん切り）　・マヨネーズ…大サジ4杯
- カレー粉…小サジ2/3杯

作り方

1 じゃがいもは皮をむいて4つに切り、水にさらします。鍋にじゃがいもとかぶる位の水を入れて中火にかけ、柔らかくなるまでゆでます。ゆで汁を捨て、カラ炒りします。ボールに移し、熱いうちにつぶして酢をかけて混ぜます。

2 玉ねぎはうす切りにして水にさらし、水気をしぼります。ツナは汁をきり、レモン汁をかけます。

3 1に2とAを加えて混ぜ合わせます。

コラム

冷めてもおいしい麺

ひと品で満足の、おべんとう向きの麺をご紹介します。手早くできて、麺に油をからめておけば、冷めても固まらずに、おいしくいただけます。

80 キャベツと桜エビの焼きそば

材料（1人分）
・焼きそば用蒸し中華麺…1玉
・キャベツ…100g
・桜エビ（乾燥）…5g
・青海苔…少々
・日本酒、水…各大サジ1～2杯
・しょう油、みりん…各小サジ2杯
・サラダ油…小サジ1杯

作り方（1は前日の作業でも可）

1 キャベツは3cm角に切ります。

2 麺は袋の一部を開け、電子レンジで30秒加熱します。

3 フライパンにサラダ油を入れて中火で熱し、桜エビを炒め、キャベツを加えて炒めます。麺をほぐしながら入れ、日本酒、水を加えて炒め、しょう油、みりんで味つけをします。べんとう箱に詰めて青海苔を振ります。

81 デリ風パスタサラダ

材料（1人分）
・ペンネ…60g　・玉ねぎ…20g
・ツナ…汁をきって20g　・ミニトマト…2コ　・ピーマン…1/2コ
・塩…小サジ1杯
A・白ワインビネガー…大サジ1/2杯　・オリーブ油…大サジ1 2/3杯　・塩、コショー…各少々　・イタリアンハーブミックス（あれば）…少々

作り方（各手順、前日の作業でも可）

1 玉ねぎはうす切りにして、水にさらして水気をしぼります。ミニトマトはタテ4つに切ります。ピーマンはタテに細切りにします。

2 ペンネは塩を加えた熱湯カップ2 1/2杯でゆで、ゆで汁をきり、冷まします。ボールにAを入れて混ぜ、ペンネ、ツナ、1と和えます。

82 ジャージャー麺

材料（1人分）
・中華麺…1玉
・豚ひき肉…80g
・椎茸…1枚（軸を取りみじん切り）
・長ねぎ…5cm（みじん切り）
・甜麺醤…小サジ2杯
・片栗粉、サラダ油…各小サジ1杯
・ごま油…適量
A・しょう油…小サジ1杯　・紹興酒（または日本酒）…小サジ2杯　・水…大サジ2杯　・顆粒鶏ガラスープの素…小サジ1/4杯

作り方（1は前日の作業でも可）

1 フライパンにサラダ油を入れて中火で熱し、ひき肉を炒め、椎茸を加えて炒めます。甜麺醤を加えて炒め、Aを加えて1～2分煮ます。長ねぎを加え、同量の水で溶いた片栗粉をまわし入れて混ぜ合わせ、ごま油少々を落とします。

2 麺をゆで、ゆで汁をきります。流水で洗って水気をきり、ごま油小サジ1/2～1杯をからめます。べんとう箱に入れ、1をかけます。

※1は冷蔵で3日、冷凍で1カ月持ちます。

キャベツと桜エビの焼きそば

デリ風パスタサラダ

ジャージャー麺

ひと盛りおかず

ご飯にのせれば「丼」や「のっけべんとう」にもなる、ひと品で肉や魚、野菜をバランスよく摂れるおかずです。

83 オムライス

具だくさんのケチャップライスにオムレツをのせて。焦がしバターで、ふんわりと香ばしく仕上げます。

材料（1人分）
- ハム…30g
- 玉ねぎ…30g
- グリンピース（冷凍）…大サジ2杯
- 玉子…1コ
- ご飯…170g
- トマトケチャップ…大サジ2$\frac{1}{2}$杯
- サラダ油…小サジ2杯
- バター（食塩不使用）…小サジ1杯
- 塩、コショー…各少々

作り方（1は前日の作業でも可）

1　ハムは長さ5cm、幅1cmに切ります。玉ねぎはみじん切りにします。

2　ご飯は温めておきます。

3　フライパンにサラダ油を入れて中火で熱し、玉ねぎを炒めます。しんなりしたら、ハムを入れてさっと炒めます。さらにケチャップを入れて炒め、ご飯、グリンピースを加え、よく混ぜて炒め合わせ、塩・コショーで味をととのえます。

4　ボールに玉子を割り入れて溶きほぐし、塩・コショーを加えます。別のフライパンを中火で熱してバターを溶かし、玉子を一気に入れて混ぜます。半熟になったら木の葉形にまとめます。

5　3をべんとう箱に詰め、その上に4のオムレツをのせます。

※好みでケチャップをかけても結構です。

84 ドライカレー

トマトジュースを煮詰めて、手早く深い味わいに。

材料（1人分）

•豚ひき肉…80g　•玉ねぎ…30g　•ピーマン…小1コ　•にんにく…少々　•カレー粉…大サジ1/2杯　•サラダ油…小サジ1杯　•ご飯…適量

A •トマトジュース（食塩不使用）…カップ1/2杯　•顆粒鶏ガラスープの素…小サジ1/2杯　•トマトケチャップ…小サジ1杯　•塩、コショー…各少々

作り方（1は前日の作業でも可）

1 玉ねぎ、にんにくはみじん切りに、ピーマンは1cm角に切ります。

2 フライパンにサラダ油を入れて中火で熱し、にんにくを炒めます。香りが立ったら、玉ねぎを加えて炒め、しんなりしたら、ひき肉を入れてしっかりと炒め、肉に火が通ったらカレー粉を加えます。Aとピーマンを加え、弱火で5分ほど煮詰め、ご飯にのせます。

85 ツナそぼろ

ツナと野菜を炒めた、白いご飯に合う甘辛味です。

材料（1人分）

•ツナ…1缶（70g）　•玉ねぎ…30g　•にんじん…10g　•しょうが…少々　•ご飯…適量　•サラダ油…小サジ1/2杯

A •日本酒…大サジ1/2杯　•しょう油…大サジ1/2杯　•みりん…大サジ1/2杯　•砂糖…小サジ1/2杯

作り方（1は前日の作業でも可）

1 玉ねぎ、にんじん、しょうがはみじん切りにします。

2 鍋にサラダ油を入れて中火で熱し、1をさっと炒めます。汁をきったツナを加えてさっと炒めたら、Aを加えて、汁気が少なくなるまで炒りつけ、ご飯にのせます。

86 牛丼

肉のうま味を含んだつゆもごちそう。

材料（1人分）
- 牛切り落とし肉…80g
- 玉ねぎ…1/4コ
- ご飯…適量

煮汁
- かつお昆布ダシ…カップ1/4杯
- 日本酒…大サジ2杯
- みりん…大サジ1/2杯
- 砂糖…大サジ1/2杯
- しょう油…小サジ2杯

作り方（1は前日の作業でも可）

1 玉ねぎはセンイに直角に幅1cmに切ります。

2 鍋に煮汁の材料を合わせて中火で煮立て、牛肉を入れてさっと煮ます。玉ねぎを加え、混ぜながら5分ほど煮て、ご飯にのせます。

※紅しょうがや、カラごとの温泉玉子（市販でも可。作り方は欄外）を添え、一緒にいただくとよいでしょう。

87 ビビンバ

具とご飯を豪快に混ぜていただきましょう。

材料（1人分）
- 韓国風そぼろ（46頁）…大サジ3杯
- ご飯…適量

ナムル
- にんじん…30g
- きゅうり…1/3本（30g）
- もやし…50g
- ごま油、塩…各適量

作り方

1 ナムルを作ります。にんじん、きゅうりをせん切りにします。フライパンにごま油少々を入れて中火で熱し、もやしをさっと炒め、塩少々を加えます。続けて、きゅうり、にんじんを、それぞれ同様に炒めます。

2 ご飯の上にナムルとそぼろを盛ります。

※韓国唐辛子を振り、コチュジャン、カラごとの温泉玉子（市販でも可。作り方は欄外）を添え、一緒にいただくとよいでしょう。

温泉玉子の作り方…フタつきの鍋に湯1ℓを沸かします。沸騰したら鍋を火から下ろし、水カップ1杯を入れて常温の玉子（Mサイズ）4コを加え、フタをして12分おきます。鍋から取り出し、常温で3分おき、水に漬けて冷まします。カラごと持って行けば衛生的です（夏場を除く）。

88 豚肉と玉子の中華風炒め

にんにくをしっかり炒めれば、においも気になりません。

材料（1人分）

・豚うす切り肉…70g ・玉子…1コ ・小松菜…2株（長さ4cmに切る） ・長ねぎ…1/4本（斜めうす切り） ・にんにく、しょうが…各少々（みじん切り） ・日本酒、しょう油、塩、コショー、ごま油…各少々 ・サラダ油…適量

A ・砂糖…小サジ1/2杯 ・塩…少々 ・しょう油…小サジ1杯 ・日本酒…小サジ1杯

作り方（1は前日の作業でも可）

1 肉に酒、しょう油をからめます。

2 玉子を溶き、塩・コショーを加えて混ぜます。鍋に油小サジ1杯を中火で熱し、玉子をさっと炒めて取り出し、油小サジ1杯を足して豚肉を炒め、油小サジ1杯を足してにんにく、しょうがを炒め、長ねぎ、小松菜の茎を加えて炒めます。葉を加えてさっと炒め、Aを加え、玉子をもどしてごま油を加えて混ぜます。

89 鶏と野菜の照り焼き

鶏肉に片栗粉をまぶし、冷めても柔らかく仕上げます。

材料（1人分）

・鶏もも肉…1/2枚 ・ししとう…3本 ・しめじ…1/4パック ・塩、コショー、片栗粉…各少々 ・サラダ油…小サジ2杯

A ・しょう油…大サジ1杯 ・砂糖…小サジ2杯 ・みりん…小サジ1杯 ・日本酒…小サジ1杯

作り方（1は前日の作業でも可）

1 鶏肉はひと口大に切り、塩・コショーを振ります。しめじは石突きを取り、ほぐします。

2 フライパンにサラダ油を入れて中火で熱し、うすく片栗粉をまぶした鶏肉を皮目から入れ、空いているところでしめじ、ししとうを焼きます。皮目に焼き色がついたら鶏肉を裏返して焼きます。九割ほど火が通ったら、キッチンペーパーで余分な油を拭き取り、合わせたAを加えて強火でからめます。

おべんとうにぴったりなご飯とパン

知っているとうれしい、おむすびやサンドイッチなどのレシピをご紹介します。

90 ポン酢漬け玉子のおむすび（右）

ゆで玉子を丸ごと入れ、食べごたえ満点。

材料（1コ分）
・ゆで玉子…1コ
・ポン酢しょう油…大サジ2杯
・温かいご飯…150g　・焼き海苔…1/2枚　・塩…1つまみ

作り方
1　ゆで玉子はカラをむき、小さめのポリ袋にポン酢しょう油とともに入れ、袋の口をしばります。一晩～二晩ほど冷蔵庫で漬け込みます。
2　玉子の汁気を拭き取ります。
3　水で濡らして塩をつけた手にご飯を平らにのせ、中心に玉子をヨコにおいて俵形におむすびを作ります。まわりに海苔を巻きます。

91 焼き肉おむすび（左）

にんにく風味の焼き肉に、青じそがよく合います。

材料（2コ分）
・温かいご飯…250g　・牛もも肉（焼き肉用うす切り）…60g
・青じそ…4枚　・白炒りごま…少々　・塩…1つまみ
A・にんにく…少々（すりおろし）
・日本酒…小サジ1杯
・しょう油…小サジ1杯
・ごま油…小サジ1/2杯
・砂糖…小サジ1/4杯

作り方
1　牛肉は幅1cmに切り、ボールに入れてAとよく和え、10分～一晩おきます（長時間の場合、冷蔵庫に）。
2　フライパンを中火で熱し、牛肉をほぐしながら汁気がなくなるまで炒め、ごまを振って火を止めます。
3　右記の手順3と同様に三角形のおむすびを作り、青じそ2枚で挟みます。もう1コも同様に作ります。

料理　大庭英子（56、60頁）　今泉久美（57、62頁）　川津幸子（58、61頁）　ワタナベマキ（59、63頁）
写真　三木麻奈　　木村 拓

92 根菜混ぜご飯

ごぼうと鶏ひき肉のうま味に、しょうががアクセント。

材料（1人分）

・温かいご飯…150g
・にんじん…50g（長さ3cmの太めのせん切りにする）
・ごぼう…30g　・鶏ひき肉…40g
・しょうが…小サジ1杯（すりおろし）　・サラダ油…小サジ1杯
A・麺つゆ（3倍濃縮の市販品）…小サジ2杯　・砂糖…少々
・日本酒…大サジ1/2杯
・水…大サジ2杯

作り方

1 ごぼうはタワシなどで皮を洗い、にんじんと大きさをそろえて切り、水にさらして水気をきります。ひき肉に塩少々（分量外）を混ぜます。

2 小鍋にサラダ油を弱めの中火で熱し、ご飯以外の具材を炒めます。肉の色が変わったらAを混ぜ、フタをして3分ほど煮ます。フタを取って汁気をとばし、ご飯に混ぜます。

※夏場はご飯に酢少々を加えても。

93 いんげんチャーハン

たっぷりのさやいんげんの歯ごたえが楽しめます。

材料（1人分）

・温かいご飯…180g　・さやいんげん…7〜8本（長さ5mmに切る）
・にんじん…20g（厚さ2mm、5mm角に切る）　・溶き玉子…1コ分
・ロースハム…1枚（1cm角に切る）
・長ねぎ…5cm（粗みじん切り）
・サラダ油…大サジ1/2杯
・日本酒…小サジ1杯
A・しょう油…小サジ1杯
・塩、コショー…各少々

作り方

1 フライパンにサラダ油を弱めの中火で熱し、さやいんげんとにんじんを入れ、フタをして1分30秒ほど火を通します。端に寄せて溶き玉子を入れ、上にご飯と日本酒を加えて炒め、さらに全体を炒め合わせます。

2 ご飯がパラリとしたら、ハムと長ねぎを入れて炒めます。香りが立ったらAを加えて手早く炒め合わせ、火を止めます。

94 いなり寿司

柚子が香るすし飯。ジューシーな揚げは日持ちします。

材料（2〜3人分）
- 油揚げ…4枚　・米…1合
- 柚子（皮）…$\frac{1}{2}$コ（すりおろし）

A　煮汁
- しょう油…大サジ2杯
- みりん、日本酒…各大サジ1杯
- 砂糖…大サジ2$\frac{1}{2}$杯
- 水…カップ1杯

B　すし酢（混ぜ合わせておく）
- 酢…大サジ2杯　・砂糖…小サジ2杯　・塩…小サジ$\frac{2}{3}$杯

作り方（1は前日の作業でも可）

1　油揚げは長さ半分に切り、切り口から袋状に開き、熱湯で1分ゆでます。水で洗い、よくしぼります。鍋にAを入れ、中火にかけて煮立たせます。油揚げを加え、落としブタをして10分煮て、冷まします。

※揚げは冷蔵で4日ほど持ちます。

2　米を炊き、熱いうちにBを加えて混ぜます。冷めたら柚子の皮を混ぜ、8等分にして油揚げに詰めます。

95 桜エビと塩昆布の炊き込みご飯

食材のうま味を生かした、ダシいらずの炊き込みご飯。

材料（4人分）
- 米…2合
- 桜エビ（乾燥）…10g
- 塩吹き昆布…20g

※乾燥していて、うま味成分の白い粉が表面についているもの。
- 日本酒…大サジ2杯
- 白炒りごま…大サジ2杯

作り方

1　米を洗って炊飯器に入れます。日本酒を加え、炊飯器の2合の目盛りまで水を加えます。桜エビ、塩吹き昆布をのせてスイッチを入れ、普段通りに炊きます。

2　炊き上がったら、全体を混ぜて、炒りごまを振ります。

96 牛肉とにんじんの海苔巻き

甘辛い牛肉と酢めしの組み合わせに食欲が増します。

材料（2本分・2～3人分）

・牛小間切れ肉…100g　・にんじん…1/2本（せん切り）　・ご飯…400g　・焼き海苔…2枚
・白炒りごま…小サジ1杯
・塩、ごま油…各少々

A
・日本酒、みりん、しょう油…各大サジ1/2杯

B（混ぜ合わせておく）
・酢…大サジ3杯　・砂糖…大サジ1/2杯　・塩…小サジ1杯

作り方（1は前日の作業でも可）

1　にんじんに塩を振り、ラップをして電子レンジで1分30秒加熱します。フライパンに中火で油を熱して牛肉を炒め、火が通ったらAを加えて汁気がなくなるまで炒めます。

2　ご飯とBを混ぜます。巻きすに海苔1枚をのせ、周囲1cmを空けて酢めしの半量をのばし、1の半量を巻きます。同様にもう1本作り、5分おいて切り、ごまを振ります。

97 鮭と三つ葉の混ぜ寿司

焼き鮭をほぐし入れた、ボリュームのある混ぜ寿司。

材料（1～2人分）

・塩鮭（甘塩）…1切れ
・三つ葉…1/3束（粗く刻む）
・しょうが…1/2片
・ご飯…250g
・白炒りごま…大サジ1杯

A
・酢…大サジ1杯
・砂糖…小サジ1杯
・塩…1つまみ

作り方（1～2は前日の作業でも可）

1　しょうがはせん切りにしてボールに入れ、Aを加えて混ぜ、5分ほどおきます。

2　鮭は魚焼きグリルで焼き、熱いうちに骨と皮を取り除き、身を粗めにほぐします。

3　ボールに温かいご飯と、1を汁ごと入れて混ぜ、鮭、三つ葉、白炒りごまを加えて混ぜます。

98 エスニック風チキンサンド

ナムプラーが効いた鶏ソテーがジューシーです。

材料（1人分）

•食パン（8枚切り）…2枚 •鶏もも肉（皮つき）…小1枚 •バター、ハチミツ…各大サジ1杯 •レタス…1枚（食べやすくちぎる） •玉ねぎ…小1/4コ •香菜…適量（長さ2cmに切る） •コショー…少々

A •ナムプラー…大サジ1杯 •日本酒、レモン汁、ごま油…各小サジ1杯 •にんにく（うす切り）、しょうが汁、コショー…各少々

作り方

1 鶏肉はAをからめ、冷蔵庫で一晩おきます。常温にもどし、中火のフライパンで両面を色よく焼き、フタをして弱火で5分ほど焼きます。

2 玉ねぎはうす切りにし、冷水にさらして水気をきります。1が冷めたら厚さ1cmのそぎ切りにします。

3 焼いてバターを塗ったパンにすべての具材をのせ、ハチミツとコショーを振り、もう1枚で挟みます。

99 パニーニ風焼きサンド

フライパンと鍋ブタを使って、手軽に作れます。

材料（1人分）

•細めのフランスパン…15cm •ロースハム…3枚 •トマト…小1/2コ •アボカド…1/2コ •玉ねぎ…小1/4コ •バター…大サジ2杯 •ピザ用チーズ…30g •レモン汁、塩、コショー…各少々

作り方

1 パンは厚さ半分に切り、切り口にバターを塗ります。トマトは厚さ6mmの輪切りにします。アボカドは厚さ1cmに切ってレモン汁を振ります。玉ねぎはうす切りにします。

2 パン1切れにハム、玉ねぎ、トマトをのせて塩・コショーし、アボカドとチーズをのせ、もう1切れのパンで挟みます。

3 フライパンを中火で熱して2を入れ、平らな鍋ブタで押さえながら弱火で3分ほど焼き、返して同様に焼いて、食べやすく切ります。

100 大人の玉子サンド

アンチョビのコク、ケッパーの酸味がポイント。

材料（1人分）

- 食パン（サンドイッチ用）…4枚

※写真は、小麦全粒粉入りのパンも使用。お好みの種類で結構です。

- 玉子…2コ
- アンチョビ…1切れ
- ケッパー…小サジ1/2杯
- パセリ…小サジ1杯（みじん切り）
- マヨネーズ…大サジ1 1/2杯

作り方（1～2は前日の作業でも可）

1 ゆで玉子を作ります。鍋に玉子と玉子がかぶる位の水を入れ、中火にかけます。沸騰したら6分ゆで、冷水に取って冷まします。カラをむき、細かく刻んでボールに入れます。

2 アンチョビ、ケッパーも細かく刻んで1に加えます。パセリも加えてマヨネーズで和えます。

3 2をパンに挟み、食べやすい大きさに切ります。

101 ミートローフサンド

ミートローフ（47頁）を、ハンバーガー風にアレンジ。

材料（1人分）

- 食パン（小型で厚さ1.5cm位）…2枚
- ミートローフ（47頁）…1枚（厚さ2cm）
- レタス…1/2枚
- トマト…1枚（厚さ5mmの輪切り）
- ピクルス…1本（うす切り）
- マヨネーズ…適量
- トマトケチャップ…適宜

作り方

食パンをトーストし、それぞれの片面にマヨネーズを塗ります。1枚の上に、レタス、ミートローフ、トマト、ピクルスの順にのせ、好みでトマトケチャップをかけて、もう1枚のパンで挟みます。

※半分に切り、ぴっちりとラップに包んで持って行きます。

102 にんじんツナサンド

にんじんマリネのシャキッとした食感がポイント。

材料（1人分）

- 食パン（8枚切り）…2枚
- にんじん…60g（斜めにせん切り）
- 玉ねぎ…10g（ごくうす切り）
- ツナ（あればブロックタイプ）…汁気をきって30g
- サラダ菜…2枚

A
- サラダ油、酢…各小サジ1杯
- 砂糖、塩、コショー…各少々

B
- マヨネーズ…小サジ2杯
- 粒マスタード…小サジ1杯

作り方

1 にんじんと玉ねぎは耐熱皿にのせてラップをふんわりとかけ、電子レンジに30秒ほどかけます。キッチンペーパーで水気を取って冷まし、ツナとAを混ぜて5分ほどおきます。

2 ラップを2枚広げてパンを置き、Bを半量ずつのせてバターナイフで塗り広げます。サラダ菜1枚と汁気をきった1を半量ずつのせ、ラップごと筒状に包んで両端をねじります。

103 コールスローサンド

たっぷりのキャベツが摂れる、ヘルシーサンド。

材料（1人分）

- 食パン（8枚切り）…2枚
- キャベツ…60g（せん切り）
- ロースハム…2枚
- 玉ねぎ…10g（ごくうす切り）
- パセリ…大サジ1杯（みじん切り）
- サラダ油…小サジ1杯
- マヨネーズ…小サジ2杯
- マスタード…小サジ1杯

A
- 酢…小サジ1杯
- 塩、コショー、砂糖…各少々

作り方

1 ボールにキャベツ、玉ねぎ、パセリ、サラダ油を入れて混ぜ、さらにAを加えて混ぜ合わせます。10分ほどおき、キッチンペーパーにのせて汁気をきります。

2 パンは軽くトーストし、1枚にマヨネーズ、もう1枚にマスタードを塗り、マヨネーズのほうに1、もう1枚にハムをのせて挟みます。ラップで包み、なじんでから切ります。

104 かぼちゃサンド

かぼちゃとレーズンの甘味を生かしたやさしい味わい。

材料（1人分）
- 食パン（サンドイッチ用）…4枚
- かぼちゃ…120g
- レーズン…40g
- マヨネーズ…大サジ2杯
- バター…少々

作り方（1は前日の作業でも可）

1 かぼちゃは皮をところどころむき、2cm角に切り、4分ほど蒸し器で蒸します（または、耐熱皿に入れてラップをかけ、電子レンジで4分ほど加熱します）。ボールに入れ、熱いうちにフォークなどで細かくつぶし、レーズンとマヨネーズを加えて混ぜます。

2 パンの片面それぞれにバターを塗り、パン2枚に1を半量ずつのせて、残りのパンでそれぞれ挟みます。5分ほどおいてから切ります。

※園児には半量で、写真のように4等分に切ると食べやすいでしょう。

105 じゃがいものマスタードサンド

じゃがいもがたっぷり入ったボリュームサンド。

材料（1～2人分）
- 食パン（サンドイッチ用）…4枚
- じゃがいも…2コ
- 紫玉ねぎ…1/4コ（うす切りにして水に5分さらす）

A
- マスタード…小サジ2杯
- マヨネーズ…大サジ2杯
- レモン汁…小サジ1杯

B
- ディル…1枝（粗く刻む）
- 塩、コショー…各少々

作り方（1は前日の作業でも可）

1 じゃがいもは蒸し器に入れ8分蒸します（または、ラップで包み、電子レンジで8分加熱します）。熱いうちに皮をむき、ボールに入れてフォークで粗くつぶし、Aを加えて混ぜ、水気をきった紫玉ねぎとBを加えてよく和えます。

2 パンの片面それぞれにマスタードを塗り、1をのせて挟みます。5分ほどおいてから、切り分けます。

知っておきたいおべんとう作りのポイント2

◎野菜のおかずのコツ（今泉久美さん）

ゆで野菜をおいしく

野菜のおかずは水気が出やすいので、出来上がったら、平ザルなどに広げて団扇であおいで水気をとばし、さらに汁気をよくきってから、おべんとう箱に詰めます。

また、野菜やきのこを塩ゆでするとき、油も湯に加えると、冷めてもおいしく味わえます。塩と油の量は、湯カップ2杯に対して各小サジ2/3杯がめやす。油はサラダ油、オリーブ油、ごま油など、好みのものを使いましょう。ブロッコリーは小房に切り分け、水に3分ほどさらしてからゆでます。

野菜の冷凍術

野菜は切って冷凍しておくと、すぐに使えて便利です。特におすすめは、れんこんとごぼう。厚さ5㎜位のうす切りにしてかためにゆで、平ザルに広げて冷ましてからラップで包み、バットにのせて冷凍庫へ。凍ったら、保存用ポリ袋に移して冷凍保存します。煮ものなどに使うと味がしみ込みやすく、みそや麺つゆ、梅肉などと炒め合わせれば、付け合わせの出来上がり。にんじんやピーマンはせん切りにし、生のまま冷凍しておくと、炒めもののボリュームアップに役立ちます。

◎子どものおべんとう（ワタナベマキさん）

園児べんとうの工夫

一般的に、おべんとう箱の容量は300〜400㎖、ご飯は100gがめやすです。おかずやご飯は、子どもがひと口で食べられるよう、小さめのかたまりにしましょう。ふりかけやそぼろをご飯に混ぜておにぎりにすると、食べやすくなります。

子どもに摂らせたいカルシウムは、好きなおかずに入れると、自然に食べられます。から揚げにごまをまぶしたり、コロッケにチーズを入れたりと工夫しましょう。おべんとうのすき間に、個別包装のキャンディーチーズを入れてもよいでしょう。

中高生には満足感を

一般的に、おべんとう箱の容量のめやすは700〜1000㎖です。体格や運動量に合わせて調節します。

メインのおかずは肉で野菜を巻いたり、肉ダネに野菜を混ぜてボリュームを出します。食べごたえがあり、栄養のバランスもよくなります。野菜のなかでも、じゃがいも、さつまいも、里いもなどのいも類は、腹持ちがよくおすすめです。サバやブリなどの青魚は、ぜひ取り入れたい食材。下味をしっかりつけて、揚げものやハンバーグにして、満足感が出るようにしましょう。

写真　木村 拓

野菜おかずのヘルシーべんとう

たっぷりの野菜が摂れ、たんぱく質もきちんと補える。
そんなヘルシーなおべんとうをご紹介します。どれも手早く作れるレシピばかりです。

料理　今泉久美　写真　木村拓

野菜マリネべんとう

3種の野菜とソーセージを使い、満足感のあるメイン。
あと2品で、野菜とたんぱく質をさらに補えます。

○五穀ご飯

●細ねぎ玉子焼き 80頁
玉子1コで作れるのが便利。

●いんげんの
辛子じょう油和え 107頁
さやいんげんの食感を
生かした和えもの。

●野菜たっぷりマリネ 68頁
野菜はフライパンで蒸し焼きし、
手軽に作れます。

今泉久美さんの考える バランスのよいおべんとう

わたしは栄養士の資格を持つ料理研究家としてヘルシーべんとうを提案することもあるのですが、流行りの糖質オフや野菜だけの献立より、栄養面で偏りのない献立が望ましいと考えています。そして、おべんとうを毎日作り続けるためには、何より手軽に作れることが一番。そこで今回は、野菜2種類＋少量のたんぱく質の炒めものなど、さっと作れて栄養バランスのよいおかずをご紹介します。これに野菜のサブおかずや付け合わせを組み合わせれば、一食で充分に野菜が摂れます。

栄養素やカロリーの知識がなくても、おべんとう箱を3つに区切って詰める習慣をつけると、自然にバランスが整うのでおすすめです。$\frac{1}{3}$にご飯、$\frac{1}{3}$に野菜中心のメインおかず、残りはサブおかずや付け合わせ。野菜を使うとカサが出るので、女性なら容量が600mℓほどの、やや大きめのおべんとう箱を使うとよいでしょう。600mℓの$\frac{1}{3}$量のご飯は、ご飯茶碗に軽く一杯程度。炭水化物も適度に摂ることができます。

炒めもの メイン

チャンチャン焼き風べんとう

絹さやの昆布和え 107頁

里いもの照り焼き 79頁

ブロッコリーと鮭のみそ炒め 72頁

炒めもの メイン

ピリ辛厚揚げべんとう

アスパラと厚揚げのピリ辛炒め 71頁

ゆで玉子

白菜のおかかポン酢和え 107頁

マリネ メイン

しょうがマリネべんとう

玉ねぎとエビのしょうがマリネ 69頁

じゃがいもといんげんのごま和え 80頁

炒めもの メイン

カレー炒めべんとう

チンゲン菜とカジキのカレー炒め 73頁

椎茸のねぎみそ焼き 107頁

ポン酢ピクルス 82頁

炒めもの メイン

蒲焼炒めべんとう

ワカメ玉子焼き 81頁

塩ゆでブロッコリー

長いもと蒲焼の炒めもの 72頁

マリネ メイン

南蛮漬けべんとう

じゃがいものコーンマヨ和え 78頁

塩ゆでブロッコリー

根菜と鶏の南蛮漬け 70頁

和えもの メイン

梅和えべんとう

ワカメ玉子焼き 81頁

ポン酢ピクルス 82頁

もやしとささ身の梅和え 74頁

炒めもの メイン

中華塩炒めべんとう

カレーピクルス 82頁

じゃがいもとささ身の中華炒め 71頁

いんげんの辛子じょう油和え 107頁

炒めもの メイン

野菜の玉子炒めべんとう

かぼちゃのレモン煮 79頁

ゆでソーセージ

セロリとにんじんの玉子炒め 70頁

※メインおかずのカテゴリーごとに分類しています。

焼きもの メイン

タンドリーチキン風べんとう

● かぶの桜エビ炒め 78頁
● 白菜のおかか ポン酢和え 107頁
● 野菜と鶏の タンドリーチキン風 77頁

煮もの メイン

根菜煮べんとう

● シンプルピクルス 82頁
● 絹さやのタラコ炒め 79頁

● 根菜と厚揚げのさっと煮 76頁

和えもの メイン

ゆかり和えべんとう

● 細ねぎ玉子焼き 80頁

● ほうれん草と豚肉の ゆかり和え 74頁
● パプリカとひじきの炒めもの 81頁

混ぜご飯 メイン

根菜ご飯べんとう

○ 塩ゆでスナップえんどう
● 根菜混ぜご飯 57頁

● ワカメ玉子焼き 81頁

煮もの メイン

すき焼き風べんとう

● 和風ピクルス 82頁

● 春菊と長ねぎの すき焼き風 76頁
● れんこんのみそきんぴら 81頁

和えもの メイン

ごまみそ和えべんとう

● 野菜と牛肉のごまみそ和え 75頁

● かぶの桜エビ炒め 78頁
● シンプルピクルス 82頁

サンドイッチ メイン

コールスローサンドべんとう

● かぼちゃのレモン煮 79頁

● コールスローサンド 62頁

焼きもの メイン

みそチーズ焼きべんとう

● オクラと厚揚げのみそチーズ 77頁

● かぶの桜エビ炒め 78頁
● ポン酢ピクルス 82頁

和えもの メイン

甘酢しょうが和えべんとう

● キャベツと鮭の甘酢風味 75頁

● 椎茸のねぎみそ焼き 107頁

● メインおかず ● サブおかず ● 付け合わせ ● ご飯・パン ○ その他

野菜おかずのレシピ集

106 野菜たっぷりマリネ

野菜をフライパンで蒸し焼きにし、手軽に作れます。軽い酸味で、野菜の甘さが生きたマリネです。

材料（1人分）

- かぼちゃ…50ｇ（タテに厚さ5㎜に切り、1枚がめやす）
- ズッキーニ…1/4本（50ｇ）
- 玉ねぎ…1/4コ（50ｇ）
- ソーセージ…2本
- オリーブ油…大サジ1/2杯
- 塩、粗挽き黒コショー…各少々
- 酢…小サジ1杯
- 粒マスタード…小サジ1/2杯

作り方（1は前日の作業でも可）

1 かぼちゃは厚さ5㎜で食べやすい大きさに切ります。ズッキーニは厚さ8㎜の輪切りにします。玉ねぎはヨコに幅1㎝に切ります。

2 フライパンにオリーブ油を弱めの中火で熱し、かぼちゃを入れて2分ほど焼きます。裏返して、玉ねぎ、ズッキーニ、ソーセージを加え、フタをして1～2分蒸し焼きにします。

3

3 野菜とソーセージを裏返し、フタをして1分ほど蒸し焼きにします。野菜に竹串を刺し、スッと通る位に柔らかくなったら、野菜だけに塩・コショーして火を止めます。

4 ボールにすべて取り出し、酢と粒マスタードを加えて和えます。味をみてうすいようなら、塩少々を加えます。冷まして汁気をきり、べんとう箱に詰めます。

107 野菜と牛肉の甘辛マリネ

バルサミコ酢が隠し味の、まろやかな甘辛さ。

材料（1人分）

・黄パプリカ…1/4コ（ヨコに幅1cmに切る）・玉ねぎ…1/4コ（タテに幅5mmに切る）・アスパラ…2本（根元3cmを落とし、幅1cmに斜め切り）・牛切り落とし肉（脂身の少ないもの）…50g ・バルサミコ酢…小サジ1/2杯 ・焼き肉のタレ（市販品）…大サジ1杯 ・塩、粗挽き黒コショー、薄力粉…各少々 ・オリーブ油…大サジ1/2杯

作り方

1 バルサミコ酢と焼き肉のタレを耐熱容器に入れて混ぜ合わせ、電子レンジに20秒かけます。

2 肉は二つ折りにして両面に塩・コショーし、薄力粉をまぶします。

3 フライパンにオリーブ油を弱めの中火で熱し、すべての野菜と肉を入れ、フタをして1分ほど焼きます。混ぜ返してフタをして焼き、火が通ったものから1に移して和えます。

108 玉ねぎとエビのしょうがマリネ

エビはプリッと、玉ねぎも食感よく仕上がります。

材料（1人分）

・エビ（カラつき）…小5尾（カラをむき、背開きして背ワタを取る）
・片栗粉…適量 ・塩、コショー…各少々 ・サラダ油…小サジ1杯

A
・しょうが…3枚（うす切りをせん切り）・麺つゆ（3倍濃縮の市販品）…大サジ1杯 ・ケチャップ、みりん、酢…各小サジ1杯

B
・玉ねぎ…1/4コ（ヨコに幅5mmに切る）・しめじ…30g（正味）

作り方

1 ボールにAを混ぜ合わせます。エビは片栗粉小サジ1杯をからめてから洗い、水気を拭き取って塩・コショーし、片栗粉をうすくまぶします。フライパンにサラダ油を中火で熱してエビを入れ、フタをして両面を各1分ほど焼き、Aに加えます。

2 耐熱容器にBを順に重ねてラップを軽くかけ、電子レンジに1分40秒かけて汁気をきり、1に混ぜます。

109 根菜と鶏の南蛮漬け

れんこんは素揚げし、歯ごたえを生かします。

材料（1人分）
- れんこん…60g（厚さ5㎜の半月切り）
- にんじん…30g（せん切り）
- 長ねぎ…8㎝（斜めうす切り）
- 鶏もも肉…60g（脂身と好みで皮も除き、うすくそぎ切り）
- 塩、しょうが汁…各少々
- 薄力粉、揚げ油…各適量

A
- 麺つゆ（3倍濃縮の市販品）、酢…各小サジ2杯
- 唐辛子…少々（小口切り）

作り方（前日に作っても可）

1 小さめのボールにA、にんじん、長ねぎを入れて混ぜ合わせます。

2 鶏肉は塩としょうが汁をからめます。れんこんはさっと洗って水気をきり、さらに水気を拭き取ります。

3 170℃の揚げ油でれんこんを1分30秒ほど揚げ、油をよくきって1に入れます。続けて鶏肉に薄力粉をまぶして3～4分揚げ、同様に1に入れて、混ぜながら冷まします。

110 セロリとにんじんの玉子炒め

セロリの香味と炒り玉子がよく合います。

材料（1人分）
- セロリ（茎）、にんじん…各40g
- セロリ（葉）…少々
- 溶き玉子…1コ分
- サラダ油…小サジ1杯

A
- 麺つゆ（3倍濃縮の市販品）…大サジ1/2杯
- 日本酒…小サジ1杯

作り方（1は前日の作業でも可）

1 セロリの茎は長さ4～5㎝、厚さ2㎜に切ります。にんじんもセロリと大きさをそろえて切ります。セロリの葉は幅2㎝に切ります。

2 小さめのフライパンにサラダ油を弱めの中火で熱し、にんじん、セロリの茎の順で軽く炒め、フタをして1分ほど蒸し焼きにします。

3 セロリの葉を加えてさっと炒め、Aを混ぜ合わせます。中火にし、溶き玉子を入れて大きく混ぜて火を通し、玉子が固まったら火を止めます。

111 アスパラと厚揚げのピリ辛炒め

豆板醤としょうがを効かせた、ご飯が進むひと品。

材料（1人分）

・厚揚げ（あれば絹ごし）…60g
・アスパラ…2本　・玉ねぎ…1/4コ　・サラダ油…小サジ1杯
A・しょうが…3枚（うす切りをせん切り）　・オイスターソース、日本酒…各小サジ1杯　・豆板醤、コショー…各少々

作り方（1は前日の作業でも可）

1 厚揚げは熱湯をかけて油抜きし、厚さ8mmのひと口大に切ります。アスパラは根元3cmを落とし、下から長さ1/3まで皮をむいてから、幅5mmの斜め切りにします。玉ねぎはタテにうす切りにします。

2 小さめのフライパンにサラダ油を中火で熱し、厚揚げと玉ねぎをさっと炒めます。アスパラも加えてフタをして弱めの中火にし、2分ほど蒸し焼きにします。中火にし、Aを加えて炒め合わせて火を止めます。

112 じゃがいもとささ身の中華炒め

あっさりとした塩味に、長ねぎがアクセント。

材料（1人分）

・じゃがいも…50g（うすいイチョウ切り）　・長ねぎ…1/3本（長さ4cm、タテ4等分に切る）　・鶏ささ身…1枚　・塩、コショー…各少々　・片栗粉…小サジ1/2杯　・サラダ油…小サジ1杯
A・鶏ガラスープの素、塩、コショー…各少々　・日本酒、水…各小サジ1杯

作り方

1 じゃがいもは水にさっとさらして水気をきります。ささ身はスジを取って斜めにうすくそぎ切りし、塩・コショーして片栗粉をまぶします。

2 小さめのフライパンにサラダ油を弱めの中火で熱し、じゃがいもとささ身を並べ、上に長ねぎをのせてフタをします。1分30秒ほど火を通してから裏返し、Aを加えて炒め合わせて火を止めます。

113 長いもと蒲焼の炒めもの

ほっくりとした長いもと、甘辛い蒲焼が好相性。

材料（1人分）
•長いも…3㎝（正味50g）
•わけぎ…1本
•ウナギの蒲焼（市販品）…40g
•ごま油、日本酒…各小サジ1杯
•しょう油、みりん
…各小サジ1杯弱
•粉山椒…適宜

作り方（1は前日の作業でも可）
1 長いもは皮をむいて厚さ3等分の輪切りにし、さらに3つに切ります。わけぎは幅3～4㎝の斜め切りにします。蒲焼は幅1㎝に切ります。
2 フライパンにごま油を弱めの中火で熱し、長いも、わけぎの白い部分、蒲焼、日本酒を入れ、フタをして1分ほど蒸し焼きにします。
3 わけぎの青い部分を入れて軽く炒め、しょう油とみりんを加え、さっと炒め合わせて取り出します。好みで粉山椒少々を振ります。

114 ブロッコリーと鮭のみそ炒め

ブロッコリーはかために火を通すのがコツです。

材料（1人分）
•ブロッコリー…50g（小さめに切り分ける）　•ホールコーン…汁気をきって大サジ2杯　•生鮭…2/3切れ（3つに斜めそぎ切り）　•日本酒…大サジ1杯　•塩、コショー、薄力粉…各少々　•サラダ油…小サジ1杯
A（混ぜ合わせておく）
•みそ、みりん、日本酒
…各小サジ1杯

作り方
1 ブロッコリーは水に3分ほどさらして水気をきります。生鮭は日本酒をからめ、汁気を拭き取って塩・コショーし、薄力粉をまぶします。
2 小さめのフライパンにサラダ油を中火で熱し、鮭を焼き色がつくまで焼きます。返してブロッコリーと水大サジ1杯を入れてフタをし、1分30秒ほど蒸し焼きにします。コーンとAを加えて炒め合わせます。

115 チンゲン菜とカジキのカレー炒め

カレー味がチンゲン菜の甘味を引き立てます。

材料（1人分）
- チンゲン菜…大1/2株（葉は長さ3cmに、芯はタテ4等分に切る）
- メカジキ…2/3切れ
- 日本酒…大サジ1杯
- 塩、コショー、薄力粉…各少々
- サラダ油…小サジ1杯

A
- しょうが…小サジ1杯（すりおろし） •カレー粉…1つまみ
- 麺つゆ（3倍濃縮の市販品）…大サジ1/2杯

作り方

1 メカジキは幅1cmに斜めにそぎ切りします。ボールに入れ、日本酒をからめてから拭き取り、塩・コショーして薄力粉をまぶします。

2 フライパンにサラダ油を中火で熱し、メカジキを入れてフタをして1分ほど蒸し焼きにします。返してチンゲン菜をのせ、再びフタをして1分ほど蒸し焼きにします。Aを加えて手早く炒め、火を止めます。

116 ゴーヤとお麩のチャンプルー

腹もちのよいお麩を使い、ツナでコクを加えます。

材料（1人分）
- ゴーヤ…小1/4本
- 車麩…小1枚（4g）
- ツナ…小1/2缶（35g）
- 長ねぎ…10cm •ごま油…小サジ1杯 •かつおぶし…1～2g

A
- しょう油、みりん、日本酒…各小サジ1杯 •コショー…少々

作り方（1は前日の作業でも可）

1 車麩は水に20分ほどつけてもどし、水気をしぼってひと口大に切ります。ゴーヤはタテ半分に切って種とワタを取り除き、端から厚さ2mmに切ります。長ねぎは幅1cmの斜め切りにします。

2 フライパンにごま油を中火で熱し、1を入れて軽く炒め、フタをして1分ほど蒸し焼きにします。

3 汁気をきったツナを入れてさっと炒め、Aを加えて炒め合わせて火を止め、かつおぶしを混ぜます。

117 もやしとささ身の梅和え

シャキシャキの食感と梅風味で箸が進みます。

材料（1人分）
- もやし…50g
- ピーマン…2コ
- 鶏ささ身…1枚（スジを取る）
- 梅肉ペースト…小サジ1〜1½杯

作り方（1は前日の作業でも可）

1 ピーマンはタテ半分に切ってヘタ、種、ワタを取り除き、タテに幅3㎜の細切りにします。

2 鍋に湯カップ3杯を沸かし、塩小サジ1杯（分量外）とささ身を入れ、ささ身に火が通るまで弱火で4分ほどゆでて取り出します。同じ湯にもやしとピーマンを入れて1分30秒ほどゆで、湯をきって冷まします。

3 ささ身の粗熱が取れたら、手で食べやすく裂きます。ボールに入れ、もやしとピーマン、梅肉ペーストを加えて和えます。

※梅肉の量は味をみながら調整を。好みでみりんを加えても結構です。

118 ほうれん草と豚肉のゆかり和え

ゆかりと塩で味つけした、さっぱりとしたひと品。

材料（1人分）
- ほうれん草…70g
- 豚ロース肉（うす切り）…3枚
※好みで脂身を取り除いたり、鶏ささ身で代用しても。
- 塩…小サジ1杯強
- ゆかり…小サジ¼〜⅓杯
- 日本酒…大サジ2杯

作り方（1は前日の作業でも可）

1 ほうれん草は根元に十字の切り込みを入れ、長さ4㎝に切ります。

2 鍋に湯1ℓを沸かして塩を入れます。中火にし、ほうれん草を軸から入れて40秒ほどゆでて取り出し、冷水に浸して水気をよくしぼります。同じ湯に日本酒を入れて弱火にし、豚肉を入れて色が変わるまでゆでます。ザルに上げて水気をよくきり、冷めたら食べやすくちぎって水気を拭き取ります。

3 2とゆかりを和えます。

119 野菜と牛肉のごまみそ和え

牛しゃぶと歯ごたえのよい野菜を濃厚に仕上げます。

材料（1人分）

- さやいんげん…4〜5本（長さ3等分に切る）
- にんじん…30g
- 牛肉（ももなどの赤身でしゃぶしゃぶ用のうす切り）…50g
- 塩…小サジ1杯
- 日本酒…大サジ1杯

A（混ぜ合わせておく）

- 白練りごま、みそ、みりん（または砂糖）…各小サジ1杯

作り方（1は前日の作業でも可）

1 にんじんはさやいんげんと大きさをそろえて棒状に切ります。

2 湯カップ3杯を沸かして塩を入れ、にんじんとさやいんげんを中火で2分30秒ほどゆでて取り出します。同じ湯に日本酒を入れて弱火にし、牛肉を色が変わるまでゆでて湯をきり、冷めたら食べやすくちぎります。

3 2の野菜と肉の水気を拭き取り、Aと和えます。

120 キャベツと鮭の甘酢風味

さわやかな香味でまとまりのあるおいしさに。

材料（1人分）

- キャベツ…1枚
- 塩鮭…40g
- しょうがの甘酢漬け（うす切りの市販品）…15g（2cm角に切る）
- 日本酒…大サジ1/2杯
- 塩、酢…各適宜

作り方（1は前日の作業でも可）

1 塩鮭は日本酒をまぶし、魚焼きグリルなどで両面を色よく焼きます。粗熱が取れたら皮と骨を取り除き、粗くほぐします。

2 キャベツは幅2cm位に食べやすく切ります。耐熱ボールに入れてラップをふんわりとかけ、電子レンジに1分10秒かけます。冷めたら水気をしぼります。

3 ボールに1と2、しょうがの甘酢漬けを入れて和え、味をみてうすいようなら、塩と酢各少々を加えてととのえます。

121 根菜と厚揚げのさっと煮

火が通りやすいかぶを皮つきで味わいます。

材料（1人分）

- 厚揚げ（あれば絹ごし）…80g
- かぶ…小1コ
- にんじん…20g
- かぶ（茎）…15g

A
- ダシ…カップ$\frac{1}{2}$杯
- しょう油、砂糖、日本酒…各小サジ2杯

作り方

1 厚揚げは熱湯をかけて油抜きし、厚さ1cmのひと口大に切ります。にんじんは皮をむき、厚さ3mmの輪切りにします。

2 かぶは皮つきのままタテ半分に切り、さらにタテに幅8mmに切ります。茎は長さ2cmに切ります。

3 小鍋に1とAを入れて中火にかけ、煮立ったらフタをして弱めの中火にし、3分ほど煮ます。

4 3の具材の上に2をのせ、フタをして2分ほど煮て火を止めます。上下を返して冷まします。

122 春菊と長ねぎのすき焼き風

たっぷりの春菊が汁気をおさえてくれます。

材料（1人分）

- 春菊…40～50g（長さ4cmに切り、茎はタテ半分に切る）
- 長ねぎ…40g（幅5mmに斜め切り）
- 椎茸…2枚（石突きを落として幅5mmのうす切り）
- 牛肉（ももなどの赤身でしゃぶしゃぶ用のうす切り）…50g（食べやすく切る）
- しょう油、砂糖…各小サジ2杯

A
- 砂糖…小サジ$\frac{1}{2}$杯
- 日本酒…大サジ1杯

作り方

1 牛肉はAをからめます。春菊は塩少々(分量外)を加えた湯でゆで、冷水に取って水気をよくしぼります。

2 小鍋に牛肉、しょう油、砂糖を入れて中火にかけ、菜箸で混ぜながら肉に火を通して取り出します。煮汁に水大サジ3杯、長ねぎ、椎茸を入れてフタをし、中火で2分ほど煮て火を止めます。すべて冷めたら、春菊の上に汁気をきってのせます。

123 オクラと厚揚げのみそチーズ

オクラは火の通りやすい野菜で代用できます。

材料（1人分）
- オクラ…3本

※パプリカ、ピーマン、アスパラを細切りにして代用しても。
- 厚揚げ…幅1cm×2枚
- ピザ用チーズ（スライスチーズ1枚を細切りにしても）…15g
- みそ、みりん…各小サジ1杯

作り方（1は前日の作業でも可）

1 オクラは庖丁でヘタをぐるりとむき、塩少々(分量外)をまぶしてこすり、水洗いしてタテ半分に切ります。厚揚げは表面の油を拭き取ります。

2 トースターの天板にアルミホイルをしき、オクラは切り口を下に、厚揚げは切り口を上にしてのせます。

3 みそとみりんを混ぜ合わせて2の表面に塗り、さらにチーズをのせます。チーズが溶けて焼き色がつくまで4分ほど焼きます。

124 野菜と鶏のタンドリーチキン風

カレー粉としょうがの効いた濃厚な味わい。

材料（1人分）
- じゃがいも…1/2コ（うすい輪切り）・ピーマン…1コ（タテ4等分に切る）・鶏むね肉（皮なし）…60g（3つにそぎ切り）
- 塩、サラダ油…各適量
- 粗挽き黒コショー…少々

A［・しょうが…小サジ1/2杯（すりおろし）・カレー粉、マヨネーズ、ケチャップ…各小サジ1/2杯
・プレーンヨーグルト…大サジ1杯］

作り方

1 鶏肉は塩少々を振り、混ぜたAをからめ、10分ほどおきます。

2 トースターの天板にアルミホイルをしき、サラダ油少々を塗ります。じゃがいもを並べ、火から遠い部分にピーマンをおき、サラダ油小サジ1/2杯をまわしかけ、塩・コショーします。鶏肉は広げて並べ、上に漬けダレをかけます。火が通るまで5〜7分焼きます。

125 かぶの桜エビ炒め

かぶのみずみずしい風味に桜エビのうま味を加えて。

材料（1人分）
- かぶ…小1コ
- かぶ（茎）…10～15g
- 桜エビ（乾燥）…大サジ1杯
- ごま油（またはオリーブ油）…小サジ$\frac{1}{2}$杯
- 日本酒…小サジ1杯
- 塩、粗挽き黒コショー…各少々

作り方

1 かぶは皮つきのままタテ半分に切り、さらにタテに幅5mmに切ります。茎は長さ2cmに切ります。

2 フライパンに油を中火で熱してかぶを炒めます。表面が透き通ってきたら茎を入れてさっと炒め、桜エビ、日本酒、塩・コショーを加え、炒め合わせて火を止めます。

126 じゃがいものコーンマヨ和え

ほくほくのじゃがいもと甘いコーンがよく合います。

材料（1人分）
- じゃがいも…$\frac{1}{2}$コ（正味50g）
- ホールコーン…汁気をきって大サジ2杯
- 塩…少々

A
- マヨネーズ…小サジ1杯
- 塩、粗挽き黒コショー…各少々

作り方（各手順、前日の作業でも可）

1 じゃがいもは皮をむいて1.5cm角に切り、水にさっとさらして水気をきります。

2 小鍋にじゃがいもを入れ、かぶる位の水と塩を加えて中火にかけます。煮立ったらフタをして弱火にし、10分ほどゆでてザルに上げ、冷まします。

3 じゃがいもをボールに入れ、Aとコーンを加えて和えます。

127 里いもの照り焼き

もちっとして、甘辛味がからんだおいしさ。

材料（1人分）

・里いも…大1コ（70g）・片栗粉…少々 ・サラダ油…小サジ1杯

A ・日本酒…小サジ1/2杯
・しょう油…小サジ1/2杯
・砂糖…小サジ1/2杯

作り方

1 里いもは洗って耐熱皿にのせてラップをふんわりとかけます。電子レンジに2分~2分20秒かけ、そのまま5分おいて冷まします。

2 里いもの皮をむき、オレンジ色になった部分があれば取り除きます。タテ半分に切って手のひらで押して軽くつぶし、片栗粉をまぶします。

3 フライパンにサラダ油を中火で熱し、里いもを入れて転がしながら全体を焼きます。火を止めてから、Aを加えてからめます。

128 かぼちゃのレモン煮

電子レンジで作れる、ほのかな甘さの煮ものです。

材料（1人分）

・かぼちゃ…50g（1.5cm角に切る）

A ・レモン汁…小サジ1/3杯
・砂糖、水…各小サジ1杯

作り方（前日に作っても可）

耐熱容器にAを混ぜ合わせてかぼちゃを入れて和え、ラップをふんわりとかけて電子レンジに1分10秒かけます。上下を返し、ラップを手で押さえて材料に密着させます。そのままおき、冷めたら出来上がりです。

129 絹さやのタラコ炒め

タラコの塩気と食感を生かします。

材料（1人分）

・絹さや…35g（スジを取る）
・しょう油…適宜 A［・タラコ…小サジ1 1/2~2杯（うす皮を取る）
・日本酒…小サジ1 1/2杯］

作り方

小さめのフライパンにサラダ油小サジ1/2杯（分量外）を中火で熱し、絹さやを炒めて水大サジ1/2杯を加え、フタをして1分ほど火を通します。火を止めてAをからめ、味をみてしょう油少々でととのえます。

130 細ねぎ玉子焼き

玉子ひとつで、フライパンで作れる玉子焼きです。

材料（1人分）
•玉子…1コ •細ねぎ…2本（小口切り） •サラダ油…適量
A •みりん…小サジ1杯
•しょう油…小サジ1/4～1/3杯
•砂糖…少々

作り方
1 玉子はボールに溶きほぐし、Aと細ねぎを入れて混ぜ合わせます。
2 フライパンにサラダ油を入れて中火で熱してなじませ、1の半量をタテ長に流し入れてさっと焼き、奥から手前に向かって巻きます。

3 2を奥に寄せて同様に油をなじませ、残りの1を入れ、2を持ち上げて下にも流します。2を芯にして同様に巻いて取り出し、冷めたら食べやすく切ります。

131 じゃがいもといんげんのごま和え

黒ごまの香ばしさが口いっぱいに広がります。

材料（1人分）
•じゃがいも…1/2コ（正味50g）
•さやいんげん…4～5本
•塩…少々
A •黒すりごま…大サジ1/2杯
•みそ、砂糖…各小サジ2/3杯

作り方
1 じゃがいもは皮をむいて8㎜角の棒状に切り、水にさらして水気をきります。さやいんげんは両端を落とし、長さ4～5㎝に切ります。
2 小鍋に多めの水と塩、じゃがいもを入れて中火にかけ、煮立ったらフタをして4～5分ゆでます。さやいんげんを加え、フタをして2分ほどゆでて火を通し、すべてザルに上げて団扇であおいで冷まします。
3 ボールにAを混ぜ合わせ、2を加えて和えます。
※和え衣がかたいようなら、ゆで汁を少々加えてゆるめます。

132 れんこんのみそきんぴら

みそと七味で控えめに味つけし、食感を楽しみます。

材料（1人分）
- れんこん…35～40g
- にんじん…30g
- オリーブ油…小サジ1/2杯
- 七味唐辛子…少々

A
- みそ…小サジ1/2杯
- 日本酒…小サジ1杯

作り方（1は前日の作業でも可）

1 れんこんは皮をむいてうすい半月切りにし、さっと洗って水気をきります。にんじんは皮をむき、斜めうす切りにしてから、せん切りにします。

2 小さめのフライパンにオリーブ油を中火で熱し、れんこんとにんじんを入れ、フタをして1分ほど蒸し焼きにします。Aを入れて炒め合わせ、火が通ったら七味唐辛子を混ぜ合わせて火を止めます。

133 ワカメ玉子焼き

ワカメのうま味でダシいらずのおいしさ。

材料（1人分）
・玉子…1コ　・乾燥ワカメ…大サジ1/2杯　・サラダ油…適量

A・みりん…小サジ1杯　・しょう油…小サジ1/4～1/3杯

作り方

ワカメはたっぷりの水に3分ほどつけてもどし、水気をしぼります。ボールに玉子を溶きほぐしてAを混ぜ、ワカメを混ぜ合わせます。80頁の細ねぎ玉子焼きと同様に作ります。

134 パプリカとひじきの炒めもの

おべんとうの彩りになるひと品です。

材料（1人分）
・長ひじき…5g（もどす）　・赤パプリカ…1/4コ（ヨコにうす切り）　・オリーブ油…小サジ1/2杯　A［・日本酒…小サジ1杯　・オイスターソース、塩、コショー…各少々］

作り方（前日に作っても可）

フライパンにオリーブ油を中火で熱し、ひじきとパプリカを入れてフタをして30秒ほど蒸し焼きにします。Aを加えて手早く炒め合わせます。

コラム

常備したいピクルス

おべんとうにあとひと品、野菜のおかずがほしいとき、あるとうれしい作り置きのピクルスをご紹介します。

135 ポン酢ピクルス

材料（作りやすい分量）

・にんじん…小1/2本
・きゅうり…1/2本
・しょうが…1/2～1片（センイを断つようにしてうす切り）
・ポン酢しょう油…大サジ1 1/2杯

作り方（各手順、前日の作業でも可）

1 にんじんは皮をむいて厚さ3㎜の輪切りにします。きゅうりは厚さ5㎜の小口切りにします。

2 ポリ袋にすべての材料を入れて袋の口をしばり、途中で中身を混ぜながら2時間ほど漬けます。

※保存は密閉容器で冷蔵約3日。

136 和風ピクルス

材料（作りやすい分量）

・ごぼう…50g　・セロリ（茎）…大1/2本（長さ4cm、幅1cmに切る）
・塩…少々　A［・酢、水…各大サジ2杯　・うす口しょう油、みりん…各大サジ1杯］

作り方（各手順、前日の作業でも可）

1 ごぼうはタワシで洗い、長さ4cm、タテ4等分に切り、水にさっとさらして水気をきります。塩を入れた湯で2～3分ゆで、湯をきります。

2 耐熱容器にAを入れて電子レンジに40秒かけ、熱いうちにごぼうとセロリを入れ、2時間ほど漬けます。

※保存は密閉容器で冷蔵2～3日。

137 カレーピクルス

材料（作りやすい分量）

・にんじん…小1/2本
・もやし…50g　・塩…少々
A・カレー粉…小サジ1/3杯　・塩…小サジ1/4杯　・砂糖…小サジ1杯　・酢、水…各大サジ2杯
・固形のチキンコンソメの素…少々（くずす）

作り方（各手順、前日の作業でも可）

1 にんじんは皮をむき、長さ4cm、5㎜角の棒状に切ります。もやしは塩を入れた湯で1分30秒ほどゆで、ザルに上げます。

2 Aを耐熱容器に入れて混ぜ、電子レンジに1分かけます。熱いうちににんじんともやしを入れて和え、ポリ袋に移して口をしばります。途中で中身を混ぜながら2時間ほど漬けます。

※保存は密閉容器で冷蔵約3日。

138 シンプルピクルス

材料（作りやすい分量）

・椎茸…大3枚（石突きを落として4等分に切る）
・玉ねぎ…1/4コ（タテ3等分に切る）
A・白ワインビネガー…大サジ3杯
・水…大サジ3～4杯
・砂糖…大サジ1/2杯
・塩…小サジ1/4杯
・ローリエ…小1枚

作り方（前日に作っても可）

酸に強いステンレスなどの小鍋にAと椎茸を入れて中火にかけ、煮立ったら玉ねぎを加えてフタをし、椎茸に火が通るまで1分ほど煮ます。容器に移し、冷めたらいただけます。

※新玉ねぎやサラダ玉ねぎの場合は、椎茸に火が通ってから加え、ひと混ぜして火を止めます。

※保存は密閉容器で冷蔵4～5日。

子どものためのおべんとう

幼稚園や保育園に通う子どもや、育ち盛りの中高生のための、おべんとうのおかずをご紹介します。

料理　ワタナベマキ　写真　木村拓

きのこたっぷりつくねべんとう

食べやすい形で、見た目にもかわいらしい園児のおべんとう。
野菜も楽しく食べきれる工夫をします。

● きのこたっぷりつくね 88頁
大きめに切ったしめじを混ぜ込んで、甘辛く味つけます。

● ふりかけ混ぜおにぎり
味つけご飯にしたり、
おにぎりにすると食べやすくなります。

● 竹輪の磯辺巻き 91頁
カルシウムが豊富なチーズは積極的に取り入れたい食材です。

ワタナベマキさんの考える楽しく食べきるおべんとう

幼稚園に通う息子のために、初めておべんとうを作ったときは、はりきっていろいろな種類のおかずを詰めましたが、食べきれずに残してきてしまいました。小さい子どもにとっては、おかずがこまごまといくつも入っていると食べにくく、飽きてしまうのですね。まずは子どもに食べきった達成感を持たせることが大切。食べられないものは無理して詰めず、好物を1つ入れてあげるほうがよいと思います。息子が好きだったのは、ハンバーグ、から揚げなどの食べ慣れたおかずでした。

中高生の子どもを持つ友人は、お昼用、部活用にと、大量のおべんとうを作るそうです。満足感が出て、腹持ちのよいおかずを作ってあげたいですね。食べ盛りの子にとって、おかずは品数より量。成長に必要な肉や魚などのたんぱく質と野菜を一緒に食べられるおかずにすれば、ボリュームも出てバランスもよくなります。これを食べさせなければ、と栄養を気にしすぎずに、親も子も、楽しいおべんとうの時間を過ごしたいですね。

● メインおかず　● サブおかず　● ご飯・パン

園児・かき揚げ メイン

竹輪と玉ねぎのかき揚げべんとう

里いもの黒ごま和え 106頁
竹輪と玉ねぎのかき揚げ 90頁
型抜きにんじん
キャンディーチーズ

園児・ゆでエビ メイン

エビとアスパラのタルタル和えべんとう

にんじんとクルミのチーズ和え 106頁
うさぎりんご
エビとアスパラのタルタル和え 88頁

園児・ハンバーグ メイン

コーンハンバーグべんとう

コーンハンバーグ 87頁
牛乳寒天 104頁
塩ゆで枝豆
ハムとパプリカのコールスロー 106頁

園児・コロッケ メイン

かぼちゃのボールコロッケべんとう

かぼちゃのボールコロッケ 90頁
大根と油揚げのきんぴら 105頁

園児・チキンナゲット メイン

コーンナゲットべんとう

コーンナゲット 89頁
塩ゆでスナップエンドウ
蒸しさつまいも
ベーコンとポテトのチーズ焼き 93頁

園児・肉巻き メイン

鶏ささ身のチーズ巻きべんとう

塩ゆでブロッコリー
いんげんと黒ごまの玉子焼き 91頁
鶏ささ身のチーズ巻き 87頁

園児・海苔巻き メイン

牛肉とにんじんの海苔巻きべんとう

はんぺんチーズサンド 93頁
塩ゆでブロッコリー
蒸しさつまいも
牛肉とにんじんの海苔巻き 59頁

園児・から揚げ メイン

ごま風味から揚げべんとう

ごま風味から揚げ 89頁
塩ゆでグリンピース
型抜きにんじん
にんじんと白滝のごま炒め 105頁
うずら玉子のしょう油漬け 93頁

園児・肉巻き メイン

海苔うず巻きべんとう

ツナとキャベツのおかか和え 106頁
海苔うず巻き 86頁
うずら玉子のしょう油漬け 93頁

※メインおかずのカテゴリーごとに分類しています。

中高生・魚フライ メイン
鮭と青じそのチーズフライべんとう

○しょう油
●ハムとパプリカのコールスロー 106頁
●スチーム目玉焼き 102頁
●鮭と青じそのチーズフライ 98頁

中高生・肉炒め メイン
うす切り豚の甘みそ炒めべんとう

●ツナとキャベツのおかか和え 106頁
●玉子きんちゃく 101頁
●うす切り豚の甘みそ炒め 96頁

中高生・鶏焼き メイン
鶏のバタートマトソテーべんとう

●ハムとパプリカのコールスロー 106頁
○塩ゆでアスパラ
●鶏のバタートマトソテー 94頁
●ひじきとタラコの玉子焼き 101頁

中高生・春巻き メイン
キャベツと鮭の春巻きべんとう

●大根と油揚げのきんぴら 105頁
●キャベツと鮭の春巻き 99頁
●ソーセージのパン粉焼き 102頁

中高生・豚カツ メイン
キャベツソースカツべんとう

●にんじんとクルミのチーズ和え 106頁
●キャベツソースカツ 98頁
●スチーム目玉焼き 102頁

中高生・肉巻き メイン
オクラの牛肉巻きべんとう

○塩ゆでブロッコリー
●オクラの牛肉巻き 95頁
○蒸しさつまいも
●こんにゃくとツナの土佐和え 103頁
●鮭と三つ葉の混ぜ寿司 59頁

中高生・竜田揚げ メイン
うす切り豚の竜田揚げべんとう

●ひじきとタラコの玉子焼き 101頁
○塩ゆでスナップエンドウ
○マヨネーズ
●うす切り豚の竜田揚げ 99頁
●里いもの黒ごま和え 106頁

中高生・肉団子 メイン
れんこん団子べんとう

●れんこん団子 97頁
○塩ゆでアスパラ
●厚揚げのチーズ挟み焼き 102頁
●にんじんと白滝のごま炒め 105頁

中高生・ハンバーグ メイン
サバとごぼうのハンバーグべんとう

○塩ゆでブロッコリー
●にんじんと白滝のごま炒め 105頁
●サバとごぼうのハンバーグ 97頁
●アスパラのマカロニサラダ 103頁

●メインおかず ●サブおかず ●付け合わせ ●ご飯・パン ○その他

子どもべんとうのおかずレシピ集

園児のおかず

幼稚園や保育園に通う子どもにも食べやすくて、楽しく食べられるおかずです。

139 海苔うず巻き

肉ダネと海苔を巻いて焼き、甘辛いタレをからませます。ユニークな見た目に、子どもも喜ぶでしょう。

材料（作りやすい分量・3人分）
・鶏ひき肉…150g　・長ねぎ…8cm　・しょうが…小サジ1/2杯（すりおろし）　・焼き海苔…1枚

A
・溶き玉子…大サジ1杯
・片栗粉…小サジ1杯
・しょう油…小サジ1杯
・日本酒…小サジ1/2杯

B（混ぜ合わせておく）
・しょう油…小サジ2杯
・みりん…小サジ2杯

作り方（1〜5は前日の作業でも可）

1 長ねぎはみじん切りにします。

2 肉ダネを作ります。ボールに、鶏ひき肉、長ねぎ、しょうが、Aを入れ、粘りが出るまで手で練ります。

3 焼き海苔より少し大きめに切ったクッキングシートの上に肉ダネを平らに広げ、焼き海苔をのせます。

4 手前からクッキングシートを持ち上げ、肉ダネをシートからはがしながら、海苔と巻き込んでいきます。

5 巻き終わったら、クッキングシートでしっかりとくるんで、シートの左右をきっちりとねじります。

※この状態で冷凍保存できます。3週間以内に使いきりましょう。

6 フライパンを中火で温め、5をクッキングシートごと入れ、上下を返しながら、シートの表面にうっすらと焼き目がつくまで焼きます。弱火にしてフタをし、6分蒸し焼きにします。シートを外し、火からおろし、Bを加えて全体にからめます。粗熱が取れたら幅3cm位に切ります。

140 コーンハンバーグ

子どもが大好きな甘いコーンとケチャップ入りです。

材料（1人分）
- 玉ねぎ…大サジ1杯（みじん切り）
- パン粉、牛乳…各小サジ1杯
- サラダ油…小サジ1杯

A
- 合いびき肉…40g
- ホールコーン…大サジ1杯
- 溶き玉子…小サジ2杯
- 塩…少々

B
- トマトケチャップ…小サジ1杯
- トマトケチャップ…小サジ1杯
- 中濃ソース…小サジ1杯

作り方（1は前日の作業でも可）

1 玉ねぎは耐熱皿に入れてラップをかけ、電子レンジで1分30秒位加熱し、粗熱を取ります。ボールにパン粉と牛乳を入れてふやかし、玉ねぎ、Aを加え、手でよく練ります。3等分にし、円盤形に整えます。

2 フライパンに油を中火で熱し、1を入れ、片面に焼き色をつけたら裏返し、弱火にしてフタをし、3〜4分焼き、Bを加えてからめます。

141 鶏ささ身のチーズ巻き

淡白なささ身でチーズを巻いて濃厚に。

材料（1人分）
- 鶏ささ身…1枚 ・にんじん…20g ・スライスチーズ…1枚 ・塩…小サジ1/4杯 ・日本酒…小サジ1杯 ・水…大サジ1杯 ・薄力粉、オリーブ油…各少々

作り方（1は前日の作業でも可）

1 ささ身はスジを取り、タテに置いて、中央に厚さの半分までタテに切れ目を入れ、この切れ目から左右にそぎ切りにして1枚に開きます。塩を振り、全面に薄力粉をうすくまぶし、2等分に切ったチーズとせん切りにしたにんじんを巻きます。

2 フライパンにオリーブ油を中火で熱し、1の巻き終わりを下にして入れます。巻き終わりがくっついたら、全体に焼き目がつくまで焼きます。日本酒、水を加えてさっと煮ます。弱火にしてフタをし、5分おき、塩少々（分量外）を振ります。

142 きのこたっぷりつくね

しめじを大きめに切って、歯ごたえを出します。

材料（1人分）
- 鶏ひき肉…40g
- 長ねぎ…3cm（みじん切り）
- しめじ…30g ・ごま油…少々

A・溶き玉子…大サジ1杯 ・片栗粉…小サジ1杯 ・しょう油、日本酒…各小サジ1/2杯

B（混ぜ合わせておく）
- しょう油…小サジ1杯 ・みりん…小サジ1杯 ・片栗粉…小サジ1/4杯 ・水…大サジ1/2杯

作り方（1は前日の作業でも可）

1 しめじは長さ1cmに切ります。ボールに、鶏ひき肉、長ねぎ、しめじ、Aを入れ、粘りが出るまで手でよく練ります。2等分にし、円盤形に整えます。

2 フライパンにごま油を入れて中火で熱し、1を焼きます。片面に焼き目をつけたら裏返し、弱火にしてフタをし、4分蒸し焼きにします。Bを加えて中火にしてからめます。

143 エビとアスパラのタルタル和え

隠し味のしょう油で、ご飯に合うタルタルソースです。

材料（1人分）
- エビ（ブラックタイガーなど）…3尾 ・アスパラ…1本 ・玉ねぎ…大サジ1杯（みじん切り） ・ゆで玉子（固ゆで）…1/2コ ・マヨネーズ…大サジ1杯 ・白ワイン…大サジ1杯 ・片栗粉…大サジ1杯
- しょう油…小サジ1/4杯

作り方（1は前日の作業でも可）

1 エビはカラと背ワタを取り、片栗粉で揉んで水で洗い、水気を拭きます。アスパラは根元の皮をむき、長さ3cmに切ります。鍋に湯カップ2杯を沸かし、アスパラを中火で1分ゆでて取り出し、同じ鍋にワインを加え、エビを1分30秒ゆでて火を止め、3分おきます。玉ねぎは水に5分さらしてしぼります。

2 ボールにゆで玉子を入れてフォークで粗くつぶし、マヨネーズと和え、1、しょう油を加えて和えます。

144 コーンナゲット

豆腐入りのふんわり柔らかいチキンナゲット。

材料（1人分）
- 鶏むね肉（皮なし）…40g
- ホールコーン…大サジ1杯
- 揚げ油…適量

A
- 木綿豆腐…大サジ1杯
- 溶き玉子…大サジ1杯
- 片栗粉…小サジ1杯
- 日本酒…小サジ1/2杯
- 塩…小サジ1/3杯

作り方（1〜2は前日の作業でも可）

1 鶏肉は庖丁でたたいて細かいミンチ状にします。

2 ボールに鶏肉、Aを入れ、手でよく練ります。コーンを加えてさっくりと混ぜます。3等分にし、小判形に整えます。

3 フライパンに揚げ油を深さ2cmほど入れ、170℃に熱し、2を入れて、表面がきつね色になるまで、返しながら揚げ焼きします。

145 ごま風味から揚げ

ごまのプチプチとした食感と香ばしさがポイント。

材料（1人分）
- 鶏もも肉…80g
- 薄力粉…大サジ3杯
- 片栗粉…大サジ3杯
- 揚げ油…適量

A
- 溶き玉子…大サジ2杯
- みりん…小サジ1杯
- しょう油…小サジ1 1/2杯
- 白炒りごま…大サジ1杯

作り方（1は前日の作業でも可）

1 鶏もも肉は3cm角に切ります。ボールに鶏肉とAを入れて、手でよく揉み込みます。

2 1に、薄力粉、片栗粉の順でまぶしつけます。

3 小鍋に揚げ油を入れて170℃に熱し、2を入れて、きつね色になるまで揚げます。

146 竹輪と玉ねぎのかき揚げ

竹輪のほのかな塩分を生かした味つけです。

材料（1人分）

- 竹輪…1本
- 玉ねぎ…$\frac{1}{4}$コ
- 薄力粉…大サジ$2\frac{1}{2}$杯
- 冷水…大サジ$2\frac{1}{2}$杯
- 塩…小サジ$\frac{1}{3}$杯
- 揚げ油…適量

作り方（1は前日の作業でも可）

1 竹輪は厚さ7～8㎜の輪切りにし、玉ねぎはセンイにそって厚さ2㎜に切ります。

2 ボールに1を入れ、薄力粉大サジ1杯、塩を加えてまぶします。

3 別のボールに薄力粉大サジ$1\frac{1}{2}$杯と冷水を入れて菜箸で混ぜ合わせ、2を加えてさっくりと混ぜます。

4 小鍋に揚げ油を入れて170℃に熱し、3を半量ずつスプーンですくって落とし入れ、きつね色になるまで揚げます。

147 かぼちゃのボールコロッケ

甘くてホクホクのかぼちゃに、チーズがアクセント。

材料（1人分）

- かぼちゃ…80g
- 玉ねぎ…大サジ2杯（みじん切り）
- ピザ用チーズ…大サジ2杯
- 溶き玉子、パン粉…各大サジ3杯
- 薄力粉…大サジ2杯
- 塩…少々　• 揚げ油…適量

作り方（1～2は前日の作業でも可）

1 かぼちゃは皮をところどころむき、2㎝角に切ります。

2 かぼちゃと玉ねぎを耐熱皿に入れ、ラップをかけ、電子レンジで1分30秒加熱します。熱いうちにフォークで細かくつぶし、塩、チーズを加えて混ぜ、直径4㎝のボール状に丸めます。

3 2に薄力粉をつけ、溶き玉子にくぐらせ、パン粉をつけます。

4 小鍋に揚げ油を入れて180℃に熱し、3を入れて、きつね色になるまで揚げます。

148 いんげんと黒ごまの玉子焼き

野菜をたくさん食べられる玉子焼きです。

材料（2人分）

・玉子…2コ　・さやいんげん…4本　・黒炒りごま…大サジ1 1/2杯　・砂糖…小サジ1杯　・塩…適量
・サラダ油…少々

作り方

1 さやいんげんは両端を切り、塩少々を加えた熱湯に入れ、中火で1分30秒位ゆでてザルに上げ、小口切りにします。ボールに玉子を溶いて、さやいんげん、ごま、砂糖、塩1つまみを加えてよく混ぜます。

2 玉子焼き器にサラダ油を中火で熱し、1の1/3量を入れて広げます。表面が半熟になったら、奥から手前に巻いて奥に寄せます。1の残りの1/2量を加え、先に焼いた玉子の下にも流します。表面が半熟になったら、先に焼いた玉子を芯にして、手前に巻きます。残りも同様に焼いて取り出し、食べやすく切ります。

149 竹輪の磯辺巻き

竹輪に、にんじんとチーズを詰めてボリュームアップ。

材料（1人分）

・竹輪…1本（長さ12cm）
・にんじん…長さ6cm×1cm角1本
・スティックチーズ…長さ6cm
・焼き海苔…1/2枚
・しょう油…小サジ1杯
・ごま油、塩…各少々

作り方（1は前日の作業でも可）

1 鍋に湯を沸かして塩を入れ、にんじんを1分ほど中火でゆで、ザルに上げて粗熱を取ります。竹輪を半分に切り、それぞれの穴ににんじんとチーズを入れます。竹輪にしょう油をまぶし、竹輪の長さに切った海苔を二重に巻き、なじませます。

2 フライパンにごま油を入れて中火で熱し、1の海苔の巻き終わりを下にして入れます。巻き終わりが焼けてくっついたら、転がしながら海苔の全体に焼き目がつくまで焼きます。冷めたら長さ半分に切ります。

150 じゃがいも餅団子

甘辛いタレをからめた、冷めても柔らかい団子です。

材料（2人分）
- じゃがいも…大1コ（約150g）
- 片栗粉…大サジ1杯
- 塩…小サジ1/4杯
- 白炒りごま、サラダ油…各少々

A
- しょう油、みりん…各小サジ2杯
- 水…小サジ1杯

作り方（1は前日の作業でも可）

1 じゃがいもは蒸し器で8分蒸します（またはラップに包み、電子レンジで8分加熱します）。熱いうちに手で皮をむき、ボールに入れて、塩、片栗粉を加え、フォークで細かくつぶしてひとまとめにします。ラップの上にのせて、ラップで包みながら直径4cmの筒状に整えます。ラップを外し、厚さ1.5cmの輪切りにします。

2 フライパンにサラダ油を入れて中火で熱し、1を入れて、両面に焼き目がつくまで焼きます。Aを加えて、全体にからめ、ごまを振ります。

151 ソーセージと野菜のカレー炒め

子どもが好きな、冷めてもおいしいカレー味。

材料（1人分）
- ソーセージ（皮なし）…3本
- さつまいも…40g
- さやいんげん…2本
- オリーブ油…少々

A
- カレー粉…小サジ1/3杯
- しょう油、白ワイン…各小サジ1杯
- 砂糖…小サジ1/4杯

作り方（1～2は前日の作業でも可）

1 さつまいもは皮ごと厚さ7～8mmのいちょう切りにし、水にさらします。さやいんげんは両端を切り落とします。ソーセージは、一方の先端に格子の切れ目を入れます。

2 鍋に湯を沸かし、さつまいもとさやいんげんを入れ、中火で1分30秒位ゆでてザルに上げ、いんげんは幅1.5cmの斜め切りにします。

3 フライパンにオリーブ油を中火で熱し、2とソーセージを炒めます。さつまいもが柔らかくなったらAを加え、汁気がなくなるまで炒めます。

152 ベーコンとポテトのチーズ焼き

じゃがいもにバターと牛乳を加えてコクを出します。

材料（1人分）
- じゃがいも…1/2コ（約60g）
- ベーコン…15g（細切り）
- パセリ…1つまみ（みじん切り）
- ピザ用チーズ…大サジ2杯
- バター…8g
- 牛乳…大サジ1杯　・塩…少々

作り方（1は前日の作業でも可）

1 じゃがいもは蒸し器に入れ6分ほど蒸します（または、ラップで包んで電子レンジで5分ほど加熱します）。熱いうちに手で皮をむき、ボールに入れ、フォークで粗くつぶし、バター、牛乳、塩を加えて混ぜます。

2 アルミカップに1を入れ、ベーコン、ピザ用チーズ、パセリをのせ、オーブントースターで焼き色がつくまで3～4分焼きます。

153 はんぺんチーズサンド

ほんのり甘くて柔らかいはんぺんは子どもに人気です。

材料（1人分）
- はんぺん…1/4枚（12×8.5×8.5cmの三角形）
- スライスチーズ…1枚
- サラダ油…少々

作り方

はんぺんは断面に庖丁で切れ目を入れ、はんぺんの大きさに合わせて切ったチーズを重ねて挟みます。フライパンにサラダ油を中火で熱し、両面に焼き目がつくまで焼きます。冷めたら食べやすい大きさに切ります。

154 うずら玉子のしょう油漬け

昆布のうま味を含んだ味つけで、ご飯が進みます。

材料（作りやすい分量・1人分2コ）
- うずらのゆで玉子（欄外）…10コ
- A
  - しょう油、みりん…各大サジ2杯
  - 酢…大サジ1杯
  - 昆布…2cm角
  - 水…カップ3/4杯
- 塩…小サジ1/3杯

作り方

鍋にAを入れて中火にかけ、ひと煮立ちさせて火からおろし、すぐにゆで玉子を入れ、半日ほど漬けます。

※冷蔵で5日ほど持ちます。

うずらの玉子のゆで方…鍋にうずらの玉子とかぶる位の水を入れ、中火にかけます。沸騰したら弱火にし4分位ゆで、冷水に取り、手早くカラをむきます。

中高生のおかず

育ち盛りの中高生が喜ぶ、ボリュームたっぷりのご飯が進むおかずです。

155 鶏のバタートマトソテー

バターの風味豊かで、冷めてもジューシーなひと品。トマト煮込みのような深い味わいが短時間でできます。

材料（1人分）

- 鶏もも肉（皮なし）…$\frac{1}{2}$枚（150g）
- 玉ねぎ…$\frac{1}{4}$コ
- しめじ…30g
- パセリ…大サジ$\frac{1}{2}$杯（みじん切り）
- 白ワイン…大サジ2杯
- トマトペースト…大サジ1杯
- バター…20g
- 薄力粉…大サジ$1\frac{1}{2}$杯
- 塩…小サジ$\frac{1}{3}$杯
- コショー…少々
- オリーブ油…少々

作り方（1は前日の作業でも可）

1 鶏肉は食べやすい大きさに切り、薄力粉をまぶします。玉ねぎはセンイにそって厚さ2㎜に切ります。しめじは石突きを取ってほぐします。

2 フライパンにオリーブ油を入れ中火で熱し、鶏肉を焼きます。全体に焼き目がついたら、玉ねぎを加えて炒めます。

3 玉ねぎがしんなりしたら、しめじ、白ワインを加え、フタをして弱火で5分ほど蒸し焼きにします。

4 トマトペースト、塩、コショーを加えて混ぜ合わせ、バターを加え、バターを溶かしながら全体にからめ、パセリを加えて混ぜます。

1

2

4

156 豚肉のカレーピカタ

厚切り肉にカレー風味の衣をたっぷりとつけます。

材料（1人分）
- 豚ヒレ肉…150g
- 薄力粉…大サジ2杯
- オリーブ油…小サジ1杯

A
- しょう油、みりん…各小サジ2杯
- カレー粉…小サジ1杯

B
- 溶き玉子…1コ分
- 粉チーズ…大サジ2杯
- 牛乳…大サジ1杯
- パセリ…大サジ1杯（みじん切り）

作り方（1は前日の作業でも可）

1 豚ヒレ肉は厚さ1cmに切ってボールに入れます。Aを加えて手でよく揉み込みます。

2 別のボールにBを入れて混ぜ、1に薄力粉をまぶしてくぐらせ、表面にたっぷりとつけます。

3 フライパンにオリーブ油を入れて中火で熱し、2を入れて、焼き目がついたら裏返し、弱火にして6分ほど焼きます。

157 オクラの牛肉巻き

トロリと柔らかいオクラを甘辛味の牛肉で巻きます。

材料（1人分）
- 牛肉（しゃぶしゃぶ用うす切り）…3枚
- オクラ…6本
- 薄力粉、塩…各少々
- ごま油…小サジ1杯

A
- みりん…大サジ1杯
- しょう油…大サジ1杯
- 水…大サジ1杯
- 片栗粉…小サジ1/3杯

作り方（1〜2は前日の作業でも可）

1 オクラはヘタを切り、まな板の上に置いて塩をまぶし、両手で軽く転がしながら塩をすり込み、水で洗い流して、水気を拭き取ります。

2 牛肉を1枚ずつ広げ、片面に薄力粉をうすくまぶします。牛肉1枚でオクラ2本を芯にして巻きます。

3 フライパンにごま油を中火で熱し、2の巻き終わりを下にして入れます。巻き終わりがくっついたら、転がしながら焼きます。肉に火が通ったら混ぜたAを加えてからませ、火からおろし、食べやすく切ります。

158 うす切り豚の甘みそ炒め

甘めのみそ味をたっぷりと肉にからませます。

材料（1人分）

- 豚もも肉（うす切り）…100g
- 玉ねぎ…1/4コ　・小松菜…1株
- 塩…小サジ1/4杯
- コショー、ごま油…各少々

A（混ぜ合わせておく）

- みそ…小サジ2杯
- みりん…小サジ2杯
- 日本酒…小サジ1杯
- 片栗粉…小サジ1/4杯
- 水…大サジ1杯

作り方（1は前日の作業でも可）

1　豚肉は幅7〜8㎜に切り、塩・コショーを振ります。玉ねぎはセンイにそって厚さ2㎜に切ります。小松菜は長さ4㎝に切ります。

2　フライパンにごま油を入れて中火で熱し、豚肉を入れて炒めます。肉の色が変わったら、玉ねぎを加え、透き通るまで炒め、小松菜を加えてさっと炒めます。全体に油がまわったら、Aを加えて手早くからめます。

159 ホタテと長ねぎのチヂミ

白玉粉を加えて、冷めてもモチッと柔らかく。

材料（1人分）

- ホタテ（ゆでたもの）…小5コ
- 長ねぎ…8㎝　・玉子…1コ
- 白玉粉…大サジ2杯　・薄力粉…大サジ3杯　・ぬるま湯…60㎖
- ごま油…大サジ1杯　・顆粒鶏ガラスープの素…小サジ1/2杯
- 七味唐辛子…適宜

作り方（1は前日の作業でも可）

1　長ねぎは斜めうす切りにし、薄力粉をまぶします。

2　ボールにぬるま湯、鶏ガラスープの素を入れて溶かし、白玉粉を加えて混ぜます。玉子を加えてよく混ぜ、ホタテ、1を加えてさっくりと合わせます。

3　フライパンにごま油を入れて中火で熱し、2を流し入れ、表面が半熟になったら裏返し、焼き色がつくまで焼きます。食べやすく切り、好みで七味唐辛子少々を振ります。

160 サバとごぼうのハンバーグ

サバ缶を使って、和風のしっかり味に仕上げます。

材料（1人分）

・サバ（缶・しょう油味）…150g　・ごぼう…1/3本（ささがきにして水にさらす）　・ごま油…小サジ1杯　・粉山椒…適宜

A（混ぜ合わせておく）
・牛乳、パン粉…各大サジ1杯

B・長ねぎ…10cm（みじん切り）
・しょうが…1片（すりおろし）
・溶き玉子…1/2コ分
・みそ、片栗粉…各小サジ1杯

作り方（1は前日の作業でも可）

1 ボールにサバの汁気をきって入れ、フォークで細かくほぐします。水気をきったごぼう、A、Bを加えて混ぜ、3等分にして円盤形に整えます。

2 フライパンにごま油を中火で熱し、1を入れて、両面に焼き目がつくまで焼きます。弱火にし、フタをして2分ほど蒸し焼きにします。好みで粉山椒少々を振ります。

161 れんこん団子

歯ごたえのよい角切りれんこんで満足感が出ます。

材料（1人分）

・赤ピーマン…1/2コ（厚さ5mmの輪切り）　・サラダ油…少々

A・豚ひき肉…80g　・れんこん…40g（8mm角に切って水にさらす）　・玉ねぎ…1/4コ（みじん切り）　・溶き玉子…大サジ2杯　・片栗粉…小サジ2杯　・しょう油、日本酒…各小サジ1杯

B・しょう油…小サジ2杯　・酢…小サジ1杯　・水…大サジ1杯　・砂糖…小サジ1/2杯　・片栗粉…小サジ1/3杯

作り方（1は前日の作業でも可）

1 ボールにAを入れて粘りが出るまで練り、5等分にして丸めます。

2 フライパンにサラダ油を中火で熱し、1を焼きます。片面に焼き目をつけたら裏返して弱火にし、赤ピーマンを加え、フタをして4分位蒸し焼きにし、Bを加えてからめます。

162 キャベツソースカツ

シャキシャキのキャベツ入りでボリュームアップ。

材料（1人分）

•豚ロース肉（豚カツ用）…1枚（約150g）　•キャベツ（葉）…2枚（せん切り）　•塩…小サジ$\frac{1}{4}$杯　•薄力粉…適量　•溶き玉子…$\frac{1}{2}$コ分　•パン粉…大サジ2杯　•ウスターソース…大サジ2杯　•揚げ油…適量

作り方（1は前日の作業でも可）

1　豚肉は厚みの半分に庖丁で切り込みを入れてポケット状にし、その中に薄力粉をうすくまぶします。キャベツを塩揉みして水気をよくきり、肉の切り込みに入れます。

2　1の表面全体に薄力粉大サジ1杯をつけ、溶き玉子にくぐらせ、パン粉をつけます。フライパンに揚げ油を深さ2cm位入れて170℃に熱し、肉を入れて、きつね色になるまで揚げます。油をきって、ソースを全体にまぶし、4等分に切ります。

163 鮭と青じそのチーズフライ

さっぱりとしつつもコクとボリュームのあるフライです。

材料（1人分）

•塩鮭（甘塩）…1切れ（約120g）
•青じそ…2枚
•ピザ用チーズ…大サジ2杯
•薄力粉…大サジ2杯
•溶き玉子…$\frac{1}{2}$コ分
•パン粉…大サジ2杯
•揚げ油…適量

作り方（1は前日の作業でも可）

1　鮭は厚みの半分に庖丁で切り込みを入れて、その中に青じそ、ピザ用チーズを入れます。

2　1の表面に薄力粉をつけ、溶き玉子にくぐらせ、パン粉をつけます。

3　鍋に揚げ油を入れて170℃に熱し、2を入れて、きつね色になるまで揚げます。

※好みでしょう油を添え、かけていただきます。

164 キャベツと鮭の春巻き

市販の鮭フレークを使って手軽にできる春巻きです。

材料（1人分）
- キャベツ（葉）…3枚（せん切り）
- 鮭フレーク（市販品）…大サジ4杯
- マヨネーズ…大サジ1杯　・塩…小サジ1/4杯　・春巻きの皮…2枚
- 揚げ油…適量

A
- 薄力粉…小サジ1杯
- 水…小サジ1 1/2杯

作り方（1〜2は前日の作業でも可）

1 ボールにキャベツと塩を入れて揉み、手でしぼって水気をきります。

2 別のボールに鮭フレークとマヨネーズを入れて和えます。

3 春巻きの皮を広げ、1と2を半量ずつのせて巻き、巻き終わりに混ぜ合わせたAをつけてとめます。

3

4 鍋に揚げ油を入れて170℃に熱し、3を入れて、きつね色になるまで揚げます。

165 うす切り豚の竜田揚げ

うす切り肉を使えば、短時間でサクサクに揚がります。

材料（1人分）
- 豚もも肉（うす切り）…100g
- みりん…大サジ1/2杯
- 日本酒…大サジ1/2杯
- しょう油…大サジ1/2杯
- しょうが…1片（すりおろし）
- 片栗粉…大サジ3〜4杯
- 揚げ油…適量

作り方（1は前日の作業でも可）

1 ボールに豚肉、みりん、日本酒、しょう油、しょうがを入れて、よく揉み込みます。

2 豚肉の表面にまんべんなく片栗粉をまぶします。

3 鍋に揚げ油を入れて170℃に熱し、2を入れて、カリッとするまで揚げます。

※マヨネーズを添え、つけていただいてもよいでしょう。

166 ささ身と海苔の天ぷら

柔らかいささ身と香ばしい海苔がよく合います。

材料（1人分）
- 鶏ささ身…2本
- 味つけ海苔…1～2枚
- 薄力粉…大サジ3杯
- 冷水…大サジ4杯
- しょう油…大サジ1/2杯
- みりん…大サジ1/2杯
- 揚げ油…適量

作り方（1は前日の作業でも可）

1 ささ身はスジを取り、3～4等分に切ってボールに入れ、しょう油とみりんを揉み込みます。味つけ海苔は食べやすい大きさに切ります。

2 鍋に揚げ油を入れて170℃に熱します。ボールに薄力粉と冷水を入れて混ぜ、1をそれぞれさっとくぐらせてから油に入れ、衣がうっすらと色づいたら海苔を取り出し、肉に火が通るまで揚げます。

167 ブリのオイスターから揚げ

脂がのったブリを、カリッと香ばしい衣が包みます。

材料（1人分）
- ブリ…大1切れ（約120g）
- オイスターソース…大サジ2杯
- 日本酒…大サジ1杯
- 片栗粉…大サジ3杯
- 揚げ油…適量

作り方（1は前日の作業でも可）

1 ブリは4等分に切り、ボールに入れ、オイスターソース、日本酒を加えて、よくからませます。

2 鍋に揚げ油を入れて170℃に熱し、1に片栗粉をまぶし、きつね色になるまで揚げます。

168 玉子きんちゃく

油揚げに生玉子を入れて、ダシしょう油で煮込みます。

材料（1人分）
- 玉子…1コ
- 油揚げ…1/2枚

A
- ダシ…カップ3/4杯
- みりん…大サジ1杯
- しょう油…大サジ1/2杯
- 塩…少々

作り方（前日に作っても可）

1 油揚げはザルにのせ熱湯を両面にまわしかけて油抜きをし、しぼって水気をきります。切り口から袋状に開きます。

2 油揚げに玉子を割り入れ、つま楊枝で油揚げの上部を縫うように口をとめます。

3 鍋にAを入れて混ぜ、2を加えて中火にかけ、煮立ったら弱火で5～6分煮ます。

※一晩ほどおくと、味がよくしみます。

169 ひじきとタラコの玉子焼き

タラコの塩分を生かした、ボリュームのある玉子焼き。

材料（1人分）
- 芽ひじき（乾燥）…3g
- タラコ…1/2腹（大サジ2杯位）
- 玉子…2コ
- 砂糖…小サジ1杯
- サラダ油…少々

作り方

1 ひじきは水に10分ほど漬けてもどし、長さ2cmに切ります。タラコはうす皮を取り除きます。ボールに玉子を割り入れてほぐし、ひじき、タラコ、砂糖を加えて混ぜます。

2 玉子焼き器にサラダ油を中火で熱し、1の1/3量を入れて広げます。表面が半熟になったら、奥から手前に巻いて奥に寄せます。1の残りの1/2量を加え、先に焼いた玉子の下にも流します。表面が半熟になったら、先に焼いた玉子を芯にして、手前に巻きます。残りも同様に焼いて取り出し、食べやすく切ります。

170 ソーセージのパン粉焼き

パン粉を加えて焼くと、うま味と食感が増します。

材料（1人分）
- ソーセージ…2本
- ブロッコリー…4房
- 白ワイン…大サジ1杯
- オリーブ油…大サジ$\frac{1}{2}$杯

A
- パン粉…大サジ1杯
- ハーブミックスソルト（または塩）…小サジ$\frac{1}{3}$杯

作り方（1は前日の作業でも可）

1 ソーセージは長さ2cmに切り、ブロッコリーはひと口大に切ります。

2 フライパンにオリーブ油を入れて中火で熱し、ソーセージとブロッコリーを炒めます。全体に油がまわったら白ワインを加え、フタをして弱火で1分30秒ほど蒸し焼きにし、Aを加えて炒め合わせます。

171 厚揚げのチーズ挟み焼き

厚揚げを、チーズと甘辛味で満足感アップ。

材料（1人分）
- 厚揚げ…3×5.5×厚さ2cm ・プロセスチーズ…3×5.5×厚さ0.8cm
- みりん、しょう油…各小サジ1杯
- 薄力粉、ごま油…各少々

作り方

厚揚げを厚さ半分に切り、断面に薄力粉をまぶしてチーズを挟みます。フライパンに中火で油を熱して厚揚げを焼き、全面に焼き色をつけたら調味料をからめ、半分に切ります。

172 スチーム目玉焼き

フライパンで蒸し焼きするヘルシーな目玉焼き。

材料（1人分）
- 玉子…1コ ・ミニトマト…$\frac{1}{2}$コ ・玉ねぎ…少々（厚さ2mm）
- 塩、オリーブ油、黒コショー…各少々

作り方

アルミカップにオリーブ油を塗り、すべての材料を入れます。フライパンに入れ、水をカップの3分目まで注ぎ、フタをして中火にかけ、煮立ったら弱火で5分位蒸し焼きします。

173 アスパラのマカロニサラダ

レモンとマスタードを加えてさわやかに仕上げます。

材料（1人分）
- アスパラ…2本
- サラダマカロニ…30g
- ゆで玉子…1/2コ

A
- マヨネーズ…大サジ1 1/2杯
- レモン汁…小サジ1/2杯
- マスタード…小サジ1/2杯

- 塩、黒コショー…各少々

作り方（1は前日の作業でも可）

1 アスパラはかたい根元の皮をむき2等分に切ります。沸騰した湯に塩少々（分量外）を入れ、アスパラを入れて、1分30秒ほどゆでて取り出します。

2 同じ湯にマカロニを加え、商品の表示通りにゆで、冷水にさらし、キッチンペーパーで水気を拭き取ります。アスパラを長さ2cmに切ります。ゆで玉子は粗く刻みます。

3 ボールにAを混ぜ、アスパラ、マカロニ、ゆで玉子を加え、手早く和えます。

174 こんにゃくとツナの土佐和え

ごま油で炒めてかつおぶしで和えた和風味です。

材料（1人分）
- こんにゃく…1/2枚
- ツナ…小1/2缶
- かつおぶし…4g
- ごま油…少々

A
- しょう油…大サジ1/2杯
- みりん…大サジ1/2杯
- 日本酒…小サジ1杯

作り方（1は前日の作業でも可）

1 鍋に湯を沸かし、こんにゃくを入れ、中火で2分ゆで、水気をきります。片面に、格子状に浅く切れ目を入れ、1.5cm角に切ります。

2 フライパンにごま油を入れて中火で熱し、こんにゃくを炒めます。油がまわったらAを加えて、汁気がなくなるまで炒めます。火を止め、汁をきったツナを加えて混ぜ、かつおぶしを加えて和えます。

コラム

あるとうれしい甘いもの

おべんとうの中にひとつ入っているとほっとする、デザート代わりの甘いものをご紹介します。おかず作りの延長で気軽に作ることができます。

175 牛乳寒天

材料（小アルミカップ4コ分）

- 牛乳…130㎖
- 水…カップ1/4杯
- コンデンスミルク…大サジ3杯
- 粉寒天…2g

作り方（前日に作っても可）

1 鍋に水と粉寒天を入れ、中火にかけ、木ベラで混ぜて溶かします。煮立ったらそのまま30秒ほど煮て、コンデンスミルクを加えて混ぜ、火を止めます。牛乳を加えて混ぜます。

2 鍋底を氷水に当てて混ぜながら粗熱を取り、トロミがついたらアルミカップに均等に分け入れます。冷蔵庫に1時間ほど入れて、冷やし固めます。

176 かんたん芋ようかん

材料（4人分）

- さつまいも…200g
- バター…30g
- ハチミツ…大サジ2杯
- 豆乳…大サジ2杯

作り方（前日に作っても可）

1 さつまいもは、蒸し器で6〜7分蒸します（または、耐熱皿に入れ、ラップをかけて、電子レンジで6〜7分加熱します）。熱いうちに手で皮をむきます。ボールに入れ、フォークで細かくつぶし、バターとハチミツを加えゴムベラでよく混ぜます。豆乳を加えてさらによく混ぜます。

2 ラップの上に1をのせて、8×6×厚さ2cmの直方体に整えます。そのままラップで包んで、冷蔵庫に30分〜1時間ほど入れて、冷やし固め、切り分けます。

177 りんごとプルーンのメープル煮

材料（作りやすい分量）

・りんご…小1/2コ　・ドライプルーン…4コ　・メープルシロップ…大サジ3杯　・レモン汁…大サジ1杯　・水…80㎖

作り方（前日に作っても可）

りんごは皮をよく洗って芯を取り、厚さ1cmのクシ形に切ります。鍋にすべての材料を入れて中火にかけ、煮立ったら弱火にして、汁気がなくなるまで8分ほど煮ます。

178 ビスケットのクリームチーズサンド

材料（1人分）

- クリームチーズ…大サジ2杯
- ハチミツ…小サジ2杯
- ビスケット（市販品）…4枚

作り方（前日に作っても可）

クリームチーズは常温にもどし、ハチミツとともにボールに入れ、ゴムベラで混ぜます。ビスケット2枚にチーズを半量ずつのせ、残りのビスケットで挟み、冷蔵庫で冷やします。

牛乳寒天

かんたん芋ようかん

りんごとプルーンのメープル煮

ビスケットのクリームチーズサンド

簡単で便利な付け合わせおかず

おべんとうの箸休めにぴったりな、小さな野菜のおかずです。

179 大根と油揚げのきんぴら

ナムプラーで、手早く深い味わいを出します。

材料（2人分）

- 大根…3cm（せん切り）
- 油揚げ…1/2枚
- 日本酒…大サジ1/2杯
- ナムプラー…小サジ1杯
- 白炒りごま、ごま油…各少々

作り方

油揚げはザルにのせて熱湯を両面にかけ、水気をしぼってせん切りにします。フライパンに油を入れて中火で熱し、大根と油揚げを炒めます。全体に油がまわったら日本酒を加え、汁気がなくなるまで炒め、ナムプラーと白炒りごまを加えてからめます。

180 にんじんと白滝のごま炒め

ヘルシーな白滝を、ご飯が進むボリュームおかずに。

材料（2人分）

- にんじん…1/3本（せん切り）
- 白滝…60g
- 白炒りごま……大サジ1杯
- みりん、しょう油…各小サジ1杯
- ごま油…少々

作り方

白滝は沸騰した湯で1分30秒ゆでてザルに上げ、食べやすい長さに切ります。フライパンにごま油を中火で熱し、にんじんと白滝を炒めます。油がまわったら、みりんを加え、しょう油を加え、汁気がなくなるまで炒め、ごまを加えてからめ、ごまを加えます。

料理　ワタナベマキ（105〜106頁）　今泉久美（107頁）　大庭英子（108〜109頁）　川津幸子（110〜111頁）
写真　木村 拓（105〜107、110〜111頁）　三木麻奈（108〜109頁）

181 ツナとキャベツのおかか和え

コクのあるツナをポン酢でさわやかに仕上げます。

材料（2人分）

・ツナ…小1/2缶　・キャベツ（葉）…2枚（せん切り）　・かつおぶし…4g　・ポン酢しょう油…大サジ1杯　・塩…小サジ1/4杯

作り方

キャベツは塩を加えてよく揉み、手でしぼって水気をきります。ボールに汁をきったツナ、キャベツ、ポン酢しょう油を入れて和え、かつおぶしを加えてさっと和えます。

182 ハムとパプリカのコールスロー

酸味の効いた、シャキシャキとおいしいサラダ。

材料（2人分）

・ハム…3枚（せん切り）　・キャベツ（葉）…2枚（せん切り）　・黄パプリカ…1/4コ（せん切り）　・塩…小サジ1/3杯　・白ワインビネガー…小サジ2杯　・砂糖…小サジ1/2杯　・コショー…少々　・オリーブ油…小サジ1杯

作り方

キャベツとパプリカは塩揉みして水気をきり、すべての材料を和えます。

183 里いもの黒ごま和え

ねっとりとした里いもの、腹持ちもよいおかずです。

材料（2人分）

・里いも…3コ　・黒すりごま…大サジ1 1/2杯　・しょう油…小サジ1杯　・砂糖…小サジ1/3杯

作り方

里いもを洗い、ぬれたまま蒸し器で6分位蒸します（または耐熱皿に入れてラップをかけ、電子レンジで6分位加熱します）。熱いうちに手で皮をむきます。ボールに調味料とごまを混ぜ、里いもを加えて和えます。

184 にんじんとクルミのチーズ和え

レモンの酸味とナムプラーの風味が隠し味。

材料（2人分）

・にんじん…1/3本（せん切り）　・塩…小サジ1/3杯

A・カッテージチーズ…大サジ2杯　・クルミ…4粒（粗く刻む）　・ナムプラー、オリーブ油…各小サジ1/2杯　・レモン汁…小サジ1杯　・コショー…少々

作り方

にんじんは、塩揉みしてしっかりと水気をきり、Aと和えます。

185 絹さやの昆布和え

塩吹き昆布のうま味と塩気を生かした和えもの。

材料（1人分）
- 絹さや…35g（スジを取る）
- 塩吹き昆布…1つまみ（長さ2cmに切る）
- 白炒りごま…少々

作り方
小鍋に湯を沸かして塩少々(分量外)を入れ、絹さやをさっとゆでて冷水に取って冷まします。水気を拭き取ってボールに入れ、塩吹き昆布とごまを加えて和えます。

186 いんげんの辛子じょう油和え

斜めうす切りにして食感よく仕上げます。

材料（1人分）
- さやいんげん…4〜5本
- 塩、辛子…各少々
- しょう油…小サジ1/2杯

作り方
さやいんげんは両端を落として斜めうす切りにします。小鍋に湯を沸かして塩を入れ、さやいんげんを2分ほどゆでてザルに上げ、団扇であおいで冷まします。ボールに入れ、辛子としょう油を加えて和えます。

187 椎茸のねぎみそ焼き

コクのあるねぎみそに、椎茸の軸も加えたおいしさ。

材料（1人分）
- 椎茸…2枚　・長ねぎ…2cm

A［・マヨネーズ、みそ、砂糖（またはみりん）…各小サジ1/2杯］

作り方
椎茸は笠と軸に分け、軸は石突きを落として粗みじん切りにします。長ねぎはみじん切りにします。軸と長ねぎをボールでAと混ぜ合わせて椎茸の笠の内側に半量ずつのせ、オーブントースターで5〜6分焼きます。

188 白菜のおかかポン酢和え

電子レンジでさっと作れ、水っぽくなりません。

材料（1人分）
- 白菜…1/2枚　A［・ポン酢しょう油…小サジ1杯　・かつおぶし…1〜2g］

作り方
白菜はタテ半分に切ってからヨコに幅1cmに切ります。耐熱ボールに白菜の芯と葉を順に重ね入れてラップをふんわりとかけ、電子レンジに50秒〜1分かけます。冷まして水気をよくしぼり、Aを加えて和えます。

189 ゆできのこの梅和え

和え衣に油を加え、コクを出します。

材料（2人分）
・しめじ、えのき…各100g（石突きを落とす）　・塩…少々
A［・梅肉ペースト…大サジ1杯
・サラダ油…大サジ1/2杯］

作り方（前日に作っても可）
しめじは1～2本ずつほぐし、えのきは長さ2～3等分に切ります。熱湯に塩ときのこを入れ、煮立ったら中火で3分ほどゆでてザルに上げて冷まし、混ぜ合わせたAと和えます。

190 なすのごま酢和え

なすは電子レンジで蒸し、手早く作れます。

材料（1人分）
・なす…1本　A［・すりごま…大サジ1杯　・酢…大サジ2/3杯
・しょう油…小サジ1杯　・砂糖…小サジ1/2杯］

作り方
なすは洗って耐熱皿にのせて軽くラップをし、電子レンジに1分40秒かけて冷蔵庫で冷まします。食べやすく裂いて長さ半分に切り、水気をしぼって、混ぜ合わせたAと和えます。

191 ほうれん草のナムル

水気をしっかりしぼり、軽く味つけします。

材料（1人分）
・ほうれん草…100g　・塩…少々　A［・ごま油…小サジ1/2杯
・一味唐辛子、白炒りごま…各少々］

作り方
ほうれん草は根元に十字の切り込みを入れて洗います。塩を入れたたっぷりの熱湯でゆで、冷水に取って冷まします。水気をよくしぼって長さ3cmに切り、さらに水気をしぼってボールに入れ、Aと和えます。

192 塩揉みきゅうり

小気味よい食感。ごま油とコショーを効かせて。

材料（2人分）
・きゅうり…1本
・塩…小サジ1/3杯
・ごま油…小サジ1/3杯
・コショー…少々

作り方（前日に作っても可）
きゅうりはうすい輪切りにし、ボールに入れて塩を混ぜ合わせます。10分ほどおいてしんなりしたら、水で洗って水気をよくしぼり、ごま油とコショーを加えて和えます。

193 大豆のみそ炒め

みそとかつおぶしのうま味で、ご飯が進みます。

材料（1人分）
・大豆（ドライ缶）…1缶（120g）　・ごま油…小サジ1杯　・みそ…大サジ1/2杯　・かつおぶし…少々　・日本酒…大サジ1杯

作り方（前日に作っても可）
フライパンにごま油を中火で熱し、大豆を入れて1～2分炒めます。みそ、かつおぶし、日本酒を加えて弱火にして炒め、汁気がほぼなくなったら火を止めます。

194 長いものフライパン焼き

シンプルな素焼きは想像以上のおいしさ。

材料（1人分）
・長いも…3cm
・サラダ油…大サジ1/2杯
・塩…少々

作り方
長いもは皮をむいて3等分の輪切りにします。フライパンにサラダ油を中火で熱し、長いもを入れて3分ほど焼きます。裏返してさらに2分ほど焼き、塩を振って火を止めます。

195 エリンギのみそマヨネーズ焼き

香ばしいみそマヨが、きのこの風味にぴったり。

材料（1人分）
・エリンギ…大2本　A〔・マヨネーズ…大サジ1杯　・みそ…大サジ1/2杯　・一味唐辛子…少々〕

作り方
エリンギは根元のかたい部分を切り落とし、タテ半分、長さ半分に切ります。オーブントースターの天板にエリンギの切り口を下にして並べ、混ぜ合わせたAを上面全体に塗り、6～7分焼きます。

196 りんごのバターソテー

食後にうれしい、風味豊かな甘酸っぱさです。

材料（2人分）
・りんご（紅玉やふじなど）…1/2コ（皮つきで幅1cmの半月切りにして芯を取る）　・バター…小サジ1杯　・白ワイン…大サジ1/2杯　A〔・砂糖、レモン汁…各小サジ1杯〕

作り方（前日に作っても可）
フライパンにバターを中火で熱してりんごを入れ、両面を焼きます。白ワインを加えてフタをして2分ほど蒸し煮にし、Aを加えてからめます。

197 れんこんのクリームマヨネーズ和え

レモンを効かせた、クリーミーな和え衣。

材料（1人分）
- れんこん…40g　・塩…少々
- 酢…小サジ1/2杯

A
- マヨネーズ…小サジ1杯
- 牛乳…小サジ2杯
- レモン汁、砂糖、塩…各少々

作り方
れんこんは皮をむいて、うすいいちょう切りにします。熱湯でゆで、熱いうちに塩、酢をからめます。ボールにAを混ぜ、れんこんを和えます。

198 ブロッコリーの塩昆布和え

ゆで野菜に塩昆布とごま油を和えてよりおいしく。

材料（1人分）
- ブロッコリー…1/4株
- 塩昆布…3g
- 塩…小サジ1/4杯
- ごま油、白炒りごま…各少々

作り方
ブロッコリーは小房に切ります。鍋に湯カップ1/2杯を沸かして塩とブロッコリーを入れ、フタをして3分蒸し煮します。熱いうちに塩昆布とごま油をからめ、ごまを振ります。

199 キャベツの梅じそおかか和え

ゆでキャベツに酸味とうま味を組み合わせて。

材料（1人分）
- キャベツ…1枚　・青じそ…1枚
- 梅肉…小サジ1/2杯（たたく）
- かつおぶし、しょう油、みりん…各少々

作り方
キャベツはひと口大に切ってゆでます。ボールに梅肉、せん切りにした青じそ、かつおぶし、しょう油、みりんを混ぜ合わせ、汁気をしぼったキャベツを加えて和えます。

200 焼きピーマンのおかか和え

アミ焼きピーマンとおかかじょう油で香ばしさ満点。

材料（1人分）
- ピーマン…1コ
- かつおぶし…少々
- しょう油…小サジ1/4杯

作り方
ピーマンはタテ4つに切り、種とワタを取ります。中火で熱した焼きアミで両面を焼きます。熱いうちにしょう油をからめ、かつおぶしをかけ、冷めたらひと口大に切ります。

作り置き

201 みょうがのみそ炒め

シャキッと食感よく、おべんとうのアクセントに。

冷蔵2日

材料（作りやすい分量）
・みょうが…3本
・みそ…小サジ1杯
・砂糖…少々
・サラダ油…小サジ1/2杯

作り方
みょうがはせん切りにします。フライパンにサラダ油を入れて中火で熱し、みょうがを炒め、しんなりしたら、砂糖、みそを加えてからめます。

作り置き

202 にんじんサラダ

オレンジとワインビネガーの風味がさわやか。

冷蔵2~3日

材料（作りやすい分量）
・にんじん…100g（せん切り）
・オレンジ…1/4コ　A［・白ワインビネガー…大サジ1/2杯　・塩、コショー…各少々　・フレンチマスタード、砂糖…各小サジ1/2杯　・サラダ油…大サジ2杯］

作り方
ボールにAを合わせ、オレンジのしぼり汁、すりおろした皮、にんじんを加えて和えます。

作り置き

203 れんこんの焼きびたし

香ばしく焼いたれんこんを酢の効いた汁に漬けます。

冷蔵2~3日*

材料（作りやすい分量）
・れんこん…80g
A・酢…大サジ1杯　・サラダ油、しょう油…各大サジ1/2杯　・みりん…小サジ2杯　・塩…少々

作り方
れんこんは皮をむいて、厚さ5mmの半月切りにし、水にさらします。水気を拭き、中火で熱した焼きアミで香ばしく焼きます。ボールにAを合わせ、れんこんを15分漬けます。

作り置き

204 しめじと海苔の佃煮

海苔を使った、手早くできる佃煮です。

冷蔵3~4日

材料（作りやすい分量）
・しめじ…1パック　・焼き海苔…1 1/2枚　煮汁［・かつお昆布ダシ…カップ1/4杯　・しょう油…大サジ1 1/2杯　・砂糖…大サジ1杯　・みりん…大サジ1/2杯］

作り方
しめじは石突きを取って小房に分けます。鍋に煮汁の材料を合わせて中火で煮立て、しめじ、ちぎった海苔を入れ、混ぜながら5分ほど煮ます。

*漬け汁に漬けたまま保存

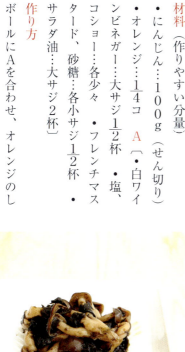

おべんとうのおかず204 主材料別さくいん

掲載しているすべての料理を、使用する主な材料によって分類し、五十音順にまとめました。どの材料からどんなおかずを作れるか、おべんとうの献立を考えるときに役立つさくいんです。

●=メインおかず　●=サブおかず　●=付け合わせ　●=ご飯・パン　○=その他

定=定番素材べんとう　朝=朝20分べんとう　菜=野菜べんとう　子=子どもべんとう

作り置きとその展開料理は、破線でつないでいます。

◎肉のおかず

◎魚介のおかず

◎玉子のおかず

◎野菜のおかず

編集者の手帖

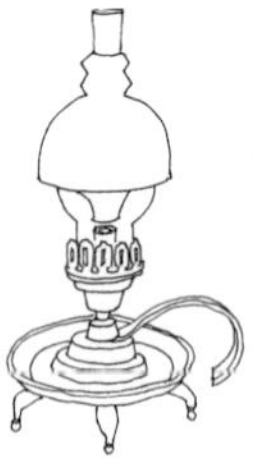

前作の『暮しの手帖のおべんとうのおかず196』に続き、「毎日のおべんとう作りに役立つ本を」と考えて作った一冊です。レシピ数も内容も、よりいっそう充実させました。

毎日おべんとうを作るというのは、大変なことです。いつも同じようなおかずでは、ちょっと残念。喜ばれなければ、作る人も楽しくはないでしょう。かといって、朝はだれにとっても忙しい時間です。手の込んだ料理を作る余裕はなかなかありません。

「おべんとうは、もっとシンプルでいいはず。おいしいおかずが2品で充分。あとは小さな付け合わせを添えれば、上々です」。そうした私たちの考えにご賛同いただいた4人の料理家の方々に、レシピを教えていただきました。「メイン」「サブ」「付け合わせ」の組み合わせで作るおべんとうです。4人の先生それぞれのテーマを設けて、個性を発揮していただきましたから、「この本ならでは」といえるレシピ集に仕上がりました。作る人の負担を減らして、もっとおいしく。見栄えよりも大切なことがたくさん詰まった一冊です。ぜひお試しください。（U）

今回ご指導いただいた川津幸子先生とワタナベマキ先生は、おふたりとも息子さんのためにおべんとうを作り続けた経験をお持ちです。

「おいしく食べられて、かつ、作る側にも負担なく続けられるものを」そんなむずかしいリクエストにもかかわらず、ご自身の体験を元に工夫に満ちたレシピを教えてくださいました。

そんな先生方のメニューを試作していると、ふと、自分が子どものころに母が作ってくれたおべんとうを思い出しました。

中学までは給食だったので、たまに作ってもらうおべんとうは特別なものでした。遠足で食べるおにぎりがとびきりおいしかったこと。中学の修学旅行には、大人ぶって「サンドイッチを作って」とお願いしたこと。高校生になり毎日作ってもらうようになってからは友だちより量が多いのが恥ずかしくて「減らしてほしい」と言ったっけ。

学校や出先で食べるとき、ふだん家で口にする味に心底ほっとしていたのだと、しみじみと思い返しました。

みなさまにとっても、おべんとうがよき思い出になりますように。（H）

「明日のおべんとうは何にしようかな」と買い物するとき、よく選ぶ食材があることに気づきました。鶏もも肉、豚ロース肉、厚揚げ……。どれも求めやすく、おかずにボリュームも出て、使い勝手のよい食材です。そこで大庭英子先生には、そうした定番素材で作れる、いろんなバリエーションレシピを教えていただきました。私のお気に入りは、「厚揚げの肉巻き照り焼き」。とても簡単でおいしいのです。

今泉久美先生には、「とにかく手軽に作れる、野菜たっぷりのおかずを教えてください」とお願いしました。調理法は「炒める」と「和える」が中心で、せわしい朝の時間に、さっと作れる心強さ。「ほうれん草と豚肉のゆかり和え」など、もう何度も作りました。

おべんとうって、「3品は詰めなくちゃ」などと考えると、作り続けるのが苦しくなってしまいます。自分が無理なく作れる品数でいい。たとえひと品でも、炊きたてのご飯と一緒に詰まっていたら、おいしいし、うれしい。そんなゆるやかな心もちで作っていただきたくて、この本を編みました。ぜひ、ご感想をお聞かせください。（K）

挿画　フジマツミキ

この本は、２０１５年３月５日に刊行した、
別冊『おべんとうのおかず２０４』を書籍化したものです。

暮しの手帖のおべんとうのおかず２０４
二〇一九年二月二十七日　初版第一刷発行
著　者　暮しの手帖編集部
発行者　阪東宗文
発行所　暮しの手帖社　東京都新宿区北新宿一ノ三五ノ二〇
電　話　〇三－五三三八－六〇一一
印刷所　凸版印刷株式会社
落丁・乱丁がありましたらお取り替えいたします　定価はカバーに表示してあります
ISBN 978-4-7660-0211-9　C2077

好評発売中　暮しの手帖社の料理書籍

子どもが安心して食べられる手作りおやつ89種
おやつレシピ集のロングセラー
『子どもに食べさせたいおやつ』
おかあさんの輪　著
本体価格　1500円（税別）　ISBN978-4-7660-0152-5

人気書籍『子どもに食べさせたいおやつ』の続編
「おかあさんの輪」による待望のごはん本
『子どもに食べさせたい　すこやかごはん』
おかあさんの輪　著
本体価格　1800円（税別）　ISBN978-4-7660-0205-8

ミシュラン三つ星の日本料理の名店
「かんだ」主人による家庭料理の新決定版
『神田裕行のおそうざい十二カ月』
神田裕行　著
本体価格　2200円（税別）　ISBN978-4-7660-0203-4

実力派の料理家10人が忙しい日に作る、
おいしさの工夫に満ちた、時短レシピ
『暮しの手帖のクイックレシピ』
暮しの手帖編集部　編
本体価格　1500円（税別）　ISBN978-4-7660-0207-2